齋藤 孝

JITSUGO-KYO

saito takashi

子どもと声に出して読みたい

実語教《じつごきょう》

日本人千年の教科書

致知出版社

はじめに――日本人の精神をつくった「千年の教科書」

◉学ぶか学ばないかで生き方が変わる

「天は人の上に人を造らず人の下に人を造らずと言えり」――これは明治時代に福沢諭吉《ふくざわゆきち》が書いてベストセラーになった『学問のすゝめ《すす》』という本の最初にある有名な言葉です。「人間には上下がなく、みんな平等につくられている」といっているのです。

しかし、そのすぐあとで、諭吉は、

「されども今、広くこの人間世界を見渡すに、かしこき人あり、おろかなる人あり、貧《まず》しきもあり、富めるもあり、貴人《きじん》もあり、下人《げにん》もありて、その有様《ありさま》雲《くも》と泥《どろ》との相違《そうい》あるに似《に》たるはなんぞや」

といって、この世の中には、お金持ちもいれば、貧しい人もいる。あるいは、位の高い人もいれば、位の低い人もいることを指摘しています。なぜ平等に生まれたはずの人間に、差ができてしまうのでしょうか？

諭吉はその理由を次のようにいっています。

「『実語教《じつごきょう》』に、人学ばざれば智《ち》なし、智なき者は愚人《ぐにん》なりとあり。されば賢人《けんじん》と愚人との別は学ぶと学ばざるとによりてできるものなり」

みなさんがこれから読んでいくこの『実語教』の中に「人学ばざれば智なし、智なき者は愚人なり」という言葉がのっているのですが、賢い人と愚《おろ》かな人の差ができてしまうのは、その人がしっかり学んでいるか、学んでいないかによって決まるのだ、というのです。

世の中には、医者や学者や政府の役人や経営者などの頭を使う難しい仕事もあります。また、単純な力仕事のような頭よりも体を使う仕事もあります。すると、頭を使う難しい仕事にはどうしても学んでいる人がつくことになり、学んでいない人には体を使うだけの簡単な仕事しか回ってこない、と諭吉はいっています。収入を比べても、やはり簡単な仕事よりも難しい仕事のほうがたくさんのお金がもらえます。ですから、しっかりした仕事につきたいのならば、一所懸命に勉強して、智恵を身につけなくてはいけない。それは『実語教』に書かれている通りだ、というわけです。

明治の日本は、アメリカやヨーロッパなど西洋の先進諸国に追いつくために必死になりました。『学問のすゝめ』は、日本が近代化を進める必要性を説き、国民の気持ちを大きくふるいたたせ、元気づけました。しかし、諭吉の言葉からもわかるように、『学問のすゝめ』は、これからみなさんと一緒に学んでいく『実語教』を下敷《したじ》きとして書かれたものだったのです。

◉『実語教』のなりたちと内容

この『実語教』という本は、平安時代の終わりにできたといわれています。弘法大師《こうぼうだいし》（空海《くうかい》）の作という説もありますが、本当のところはわかりません。子どもたちの教育に使われ、鎌倉時代に世の中に広まって、江戸時代になると寺子屋の教科書となりました。明治時代になっても、しばらく使われていたようです。ですから、だいたい千年近くずっと使われていたことになります。これはすごいことです。

どうして『実語教』がそれほど重宝《ちょうほう》されてきたのかというと、この中に、人間が世の中で生きていくうえで欠かせない大切な智恵が詰まっていたからです。学びの大切さ、両親・先生・目上の人への礼儀《れいぎ》、兄弟・友だち・後輩との付き合い方などについて、たとえ話をまじえながら、やさしく説いているのです。ですから、子どもにもわかりやすかったのでしょう。

昔は、子どもの頃に『実語教』をしっかり学んで自分のものにしてしまえば、自然と立派な大人になれるようになっていたのです。

私は『実語教』のことを「日本人千年の教科書」と呼んでいます。というのも、日本人は長い時間の流れの中で、『実語教』を学び続けて、日本人として生きる基礎をつくってきたからです。

現代の私たちが読むと、言葉づかいは少し古くさいと感じるかもしれません。でも、その内容は今でも通用する大切なものばかりで、まったく古くなっていません。みなさんの祖先が何を学び、どれほど真面目に生きてきたかを知るためには一番の本だと思っています。

そして、みなさんにも、この『実語教』を一所懸命学んで、そこに書かれている内容をしっかり理解してもらいたいと思います。『実語教』に書かれている日本人の心を受け継いで、みなさんの次の世代の子どもたちに伝えていってもらいたいと思うのです。

『実語教』の中には昔の中国に生きた孔子《こうし》という先生の教えが数多く入っていま

す。孔子には『論語《ろんご》』という有名な本がありますから、これも一緒に読んでみるといいでしょう。また、最初にあげた福沢諭吉先生の『学問のすゝめ』にも目を通してみるといいでしょう。『学問のすゝめ』は、『実語教』の内容を新しい時代にあわせて、もう一度わかりやすく書き直したような内容になっています。どちらも基本は「しっかり学んで向上心を持って生きて、世のためになる人になる」ということです。

◉大人から子どもへ日本人の心を伝える

昔の子どもたちは『実語教』を声に出して読みました。

声に出して読むと、先人たちの魂《たましい》が乗り移ってくるのです。たとえば、「あの一万円札の福沢諭吉先生が子どもの頃に『実語教』を読んでいたのか」と思いながら読んでみると、その魂までもが乗り移ってきます。声に出して本を読むことを「素読《そどく》」といいますが、素読をすると、本の内容だけでなく、先人の魂も一緒に学ぶことができるのです。

この本の巻末には素読用の読み下し文（漢文を日本語で読んだもの）をつけていますので、それを何度も何度も読んでみてください。意味がわからなくても、気にすることはありません。

ただし、最初から子ども一人で読むのは大変ですから、初めのうちはお父さんやお母さんにお願いして、一緒に読んでもらうといいでしょう。あるいは、おじいさんやおばあさんにお願いしてもいいと思います。

意味が知りたくなったら解説の部分を読んでみましょう。ここでは、言葉のまとまりごとに、その意味と伝えたい内容をまとめてあります。この解説も、ご両親やおじいさん、おばあさんに読んでもらうといいかもしれません。わからないところがあったら、どんどん質問してみてください。

何度も声に出して読んでいくと、そのうち少しずつ言葉を覚えていくと思います。きっと好きな言葉も見つかります。そういう言葉はしっかり覚えて、本を見なくても口に出していえるようになりましょう。本を見ずに口に出していうことを暗誦《あんしょう》といいますが、暗誦できるようになるまで読んでほしいと思います。

そうすると、みなさんが大きくなるにしたがって、それらの言葉が役立つときが必ずやってきます。何か問題が起こって困ったときに、解決のヒントを与えてくれることもあると思います。

そして、みなさんが大人になって、結婚をして、子どもができたときには、今度は自分の子どもと一緒に『実語教』を読んでください。そうやって親から子へ、日本人の心を受け継いでいくことが、とても大事です。

日本の未来がみなさん一人ひとりにかかっているのです。そういう気持ちで『実語教』を学んでいくと、よりいっそう理解が深まっていくと思います。どうか頑張って読んでみてください。

子どもと声に出して読みたい『実語教』＊目次

はじめに――日本人の精神をつくった「千年の教科書」 1

『実語教』本文解説

1 世の役に立つ人になろう 18
山高きが故に貴からず　樹有るを以て貴しとす
2 智恵のある人になろう 23
人肥たるが故に貴からず　智有るを以て貴しとす
3 お金よりも智恵を残そう 28
富は是一生の財　身滅すれば即ち共に滅す
智は是万代の財　命終れば即ち随って行く
4 どんどん自分を磨いていこう 33
玉磨かざれば光無し　光無きを石瓦とす
人学ばざれば智無し　智無きを愚人とす

5　**毎日学ぶことが一番大事**　38
倉の内の財は朽つること有り　身の内の才は朽つること無し
千両の金を積むといえども　一日の学にはしかず

6　**相手を思いやる心を持とう**　43
兄弟常に合わず　慈悲を兄弟とす
財物永く存せず　才智を財物とす

7　**勉強のすすめ**　48
四大日々に衰え　心神夜々に暗し
幼時勤学せざれば　老いて後恨み悔ゆといえども
尚所益有ること無し

8　**覚悟を決めたらやりとげよう**　53
かるが故に書を読んで倦むことなかれ
学文に怠る時なかれ
眠りを除いて通夜に誦せよ　飢を忍んで終日習え

9　自分から積極的に学ぼう　58
師に会うといえども学ばざれば　徒に市人に向うが如し

10　繰り返しのすすめ　63
習い読むといえども復せざれば　只隣の財を計うるが如し

11　良い仲間と切磋琢磨しよう　68
君子は智者を愛し　小人は福人を愛す

12　努力をすれば花が咲く　73
富貴の家に入るといえども　財無き人の為には　なお霜の下の花の如し
貧賤の門を出ずるといえども　智有る人の為には　あたかも泥中の蓮の如し

13　目上の人を尊敬しよう　78
父母は天地の如く　師君は日月の如し
親族はたとえば葦の如し　夫妻はなお瓦の如し
父母には朝夕に孝せよ　師君には昼夜に仕えよ

14　一生の友だちをつくろう　86

友と交りて争う事なかれ
己より兄には礼敬を尽くし　己より弟には愛顧を致せ

15 人間として大切なもの 90
人として智無き者は　木石に異ならず
人として孝無き者は　畜生に異ならず

16 落ち着いた気持ちをつくろう 94
三学の友に交らずんば　何ぞ七覚の林に遊ばん

17 「慈・悲・喜・捨」の四つの心を育てよう 100
四等の船に乗らずんば　誰か八苦の海を渡らん

18 幸せな人生を歩くためには 105
八正道は広しといえども　十悪の人は往かず
無為の都は楽しむといえども　放逸の輩は遊ばず

19 お年寄りと小さな子を大切に 110
老いたるを敬うは父母の如し　幼を愛するは子弟の如し

20 まず相手を大切にしよう 115
我他人を敬えば　他人また我を敬う
己人の親を敬えば　人また己が親を敬う

21 「人のため」が「自分のため」になる 120
己が身を達せんと欲する者は　先ず他人を達せしめよ

22 ともに悲しみ、ともに喜ぶ 125
他人の愁いを見ては　即ち自ら共に患うべし
他人の喜びを聞いては　即ち自ら共に悦ぶべし

23 いいことはすぐにまねしよう 130
善を見ては速やかに行え　悪を見てはたちまち避けよ

24 親切は必ず報われる 135
善を修する者は福を蒙る　たとえば響の音に応ずるが如し
悪を好む者は禍を招く　あたかも身に影の随うが如し

25 偉くなっても忘れてはいけないこと 140

装　幀――川上成夫
編集協力――柏木孝之

『実語教』本文解説

1

世の役に立つ人になろう

山《やま》高《たか》きが故《ゆえ》に貴《たっと》からず。樹《き》有《あ》るを以《もっ》て貴《たっと》しとす。

山は高いからといって価値があるわけではありません。そこに樹があるからこそ価値が出てくるのです。

◉何かの役に立って、初めて価値が出てくる

みなさんは、「日本で一番高い山は？」と聞かれれば、すぐに「富士山！」と答えられるでしょう。

富士山は見た目も美しく、立派な山です。けれども、山は高いから価値があるのかといわれると、どうでしょうか？　確かに高い山は立派に見えますが、それは価値があるということなのでしょうか？

『実語教』のこの言葉は、

「山が高いから貴《とうと》いのではなくて、そこに樹があるから貴いのだ」

といっています。

なぜ樹があると貴いのでしょう？

樹を切って材木にして、家を建てたり、箸《はし》を作ったり、社会のために役立てることができるからです。「何かの役に立つ」ということがとても重要です。そのときに初めて価値が生まれるのです。

これは別のいい方もできます。たとえば、勉強ができる人はそれだけで立派なのでしょうか？　もしもその頭を悪事のために使うとすれば、とても立派とはいえません。やはり、頭がいいから貴いわけではなくて、それを世の中のために役立つように使うところに、初めて価値が生まれるのです。

それに不思議なのですが、自分の得になることだけを考えて勉強しても、あまりやる気は湧《わ》いてきません。ところが、世の中の役に立つ仕事をしたいという目標を立てると、勉強する意欲が急に湧いてくるのです。人間は誰でも、「世の中の役に立ちたい」という気持ちを心のどこかに秘めているのですね。

◉頭の良し悪しよりも、一所懸命さが大事

頭のいい人を見たり、運動神経がすごくいい人を見たら、「あの人はすごいなぁ」と、うらやましく思うかもしれません。でも、一番大事なのは、自分の一生のうちで、社会のためにどれだけ役立てるか、どれだけ人が喜んでくれたか、な

のです。これは誰でもできることですから、ぜひ自分の目標にしてほしいと思います。

宮沢賢治《みやざわけんじ》の書いた『虔十公園林《けんじゅうこうえんりん》』という童話があります。

主人公の虔十は、ちょっと頭が鈍《にぶ》くて、まわりの人から馬鹿にされていました。その虔十が家の裏の野原に杉の木を植えたいといいだしたのです。お父さんは「虔十がそんな頼みごとをするのは珍しい」といって、杉苗《すぎなえ》を買って植えさせてやりました。

ところが、土が悪くて杉はなかなか育ちません。それでも、虔十は下枝をきれいに伐採《ばっさい》しました。すると、子どもたちがその木の間を行進して、楽しそうに遊び出しました。虔十はそれを見て大喜びしました。

やがて、その林で遊んでいた子どもの一人が偉い大人になって故郷に帰ってきました。あたりの風景は昔とすっかり変わっていましたが、ただ一つ、虔十の杉林だけは昔のままでした。虔十はすでに病気で死んでいましたが、家の人が「虔十のただ一つのかたみだから」といって、その土地を手放さなかったのです。

偉くなった人は話を聞いて感激して、「ここを虔十公園林と名づけて保存してはどうでしょうか」と提案しました。すると、昔そこで遊んだ、今は立派な仕事についている人たちから、たくさんのお金が集まりました。そして、虔十の杉林は、虔十公園林という公園になって、みんなの憩《いこ》いの場として残ることになりました。

頭の良し悪しでいえば、虔十は決して頭がいいわけではありません。でも、目標を立てて、一所懸命に木の世話をしたから、大きな仕事をなしとげることができたのです。こういう貴い生き方を、みなさんにもしてもらいたいと思います。

2 智恵のある人になろう

人肥《ひとこえ》たるが故《ゆえ》に貴《たっと》からず。
智有《ちあ》るを以《もっ》て貴《たっと》しとす。

人は太ってふくよかであるといって立派なのではありません。
智恵があるからこそ立派な人ということができるのです。

うしているからといって立派ではないというのは、現代では当たり前のことだと思うでしょう。でも、たとえば江戸時代は、お金持ちほど、いいものが食べられたのです。ですから、よく太っているのは、お金持ちのあかしだったのでしょう。

でも、「お金持ちだからといって立派だとはいえない。立派なのは、智というものがあるからなのだ」といっています。

「智」とはどういうものでしょうか?

この字は「智恵」と書くときに使います。「知恵」とも書きますが、大切な教えをあらわすときは、「智」を使うことが多いのです。

昔は、子どもをほめるときに「この子は智恵があるね」といいました。名前に「智」の字を入れることもよくありました。昔の親は、自分の子どもに智恵のある人になってほしいと願っていたのですね。

では、「智恵」とはなんでしょうか？

「智恵がある」というのは、「勉強ができる」とか「テストの点がいい」というのとはちょっと違います。これは「毎日の生活の中で何が一番大事なのかがわかっている」という意味だと思います。大事なものの順番を優先順位といいますが、智恵のある人は、自分のことをよく考えていて、世の中が動いていく仕組みもわかっているために、優先順位を間違わず、いつも正しい判断ができるのです。そういう正しい判断ができること、これが智恵なのです。

◉「智恵」は身の危険を避けるためにも役に立つ

今はインターネットの時代ですから、必要な情報はいくらでも手に入れることができます。でも、たくさんの情報の中から、本当に自分に必要な情報や、正しい情報を選び出すのは、簡単ではありません。嘘《うそ》の情報や間違った情報を正しいと信じてしまうと、間違った行動をとってしまう危険性もあります。そうした情報をちゃんと見きわめる力、判断力のことを智恵というのです。

いいかえれば、自分の人生で大事なことを間違えずに判断していける力です。

将棋《しょうぎ》の世界で七冠《ななかん》を達成した天才棋士《きし》の羽生善治《はぶよしはる》さんとお話をしたことがあります。すごいと思ったのは、羽生さんはもちろん将棋の勉強をとてもよくしているのですが、それだけではなくて、「この手はよくない」と感じたら「なぜよくないのか」をじっくり突き詰めて考えて、「こういう理由でいやな感じがしたんだ」と一つひとつはっきりさせていくのです。

この「いやな感じ」を嗅《か》ぎ分ける力を「直感力」といいます。羽生さんは、筋道を立てて考える論理的な力と直感的な力を兼《か》ね備《そな》えています。こういう人を智恵のある人というのだと思います。

智恵があれば、「ちょっと信用できないな」と思う人や物事を安全に避けることもできます。

みなさんも振り込め詐欺《さぎ》というのを聞いたことがあると思いますが、詐欺にかかる人も、電話を受けた最初はおかしいと思うそうです。しかし、話をしているうちに、うまく丸め込まれてしまったというのです。

智恵のある人ならば、「こちらからかけ直すから、電話番号を教えて」といって電話をいったん切って、誰かに相談するような工夫もできるはずです。おかしいと思ったときは、自分一人で判断するのではなくて、人に聞いてみる。それも智恵の一つです。

こういう智恵を身につけていくことは、世の中で生きていくためにとても大切です。だから、智恵のある人は貴い、と昔の人もいっているのです。

3

お金よりも智恵を残そう

富《とみ》は是《これ》一生《いっしょう》の財《たから》、身《み》滅《めっ》すれば即《すなわ》ち共《とも》に滅《めっ》す。
智《ち》は是《これ》万代《ばんだい》の財《たから》、命《いのち》終《おわ》れば即《すなわ》ち随《したが》って行《ゆ》く。

富は自分が生きている間は大切なものですが、死んでしまえば墓の中まで持っていけるものではありません。
それに対して智恵は万代も後まで残るものです。自分が死んでも、子孫へと受け継がれていくものなのです。

◉お金を残すより智恵を残すほうが大事

富というのはお金とか宝石とか家や土地などをさしています。これらのものは確かに大切ですが、自分が死んでしまえば、そこで終わってしまいます。でも、智恵というものは、自分が死んだとしても、二代目、三代目と受け継がれていって、万の位になるまで続いていくというのです。

京都に行くと、江戸時代からやっていますとか、室町時代からやっていますという古いお店がたくさん残っています。老舗《しにせ》といいますが、これらのお店は、創業者一代で終わるのではなくて、子ども、孫、曾孫《ひまご》、玄孫《やしゃご》……というふうに代々続いてきて、今に至っているのです。これが「万代《ばんだい》の財《たから》」というものです。

では、どうして富は一代で終わってしまうのに、智恵はずっと残るのでしょうか。たぶんそれは、一代目が学んで得た智恵を子どもに伝え、孫に伝えていくと、それが子どもの代、孫の代になって役に立つからではないかと思います。

お金を残すのも大事かもしれませんが、お金は使ってしまえばなくなります。

でも、智恵はいくら使ってもなくなりません。だから、お金よりももっと大事なのは智恵を残すことなのだと、昔の人はいっているのです。

こんな例があります。その人は親がお金持ちで、たくさんのアパートを遺産《いさん》として受け継ぎました。アパートを持っていると、毎月家賃が入ってきますから、働く必要がありませんでした。ところが、ギャンブルにお金を湯水《ゆみず》のように使うようになってしまい、その家はその人の代でダメになってしまったのです。

どんなにたくさんお金を残してもダメなのです。それよりも、子どもにしっかり勉強をさせて、智恵をつけて、子どもが自分で働いて世の中で生きていけるように、そして、人の役に立てるようにしなくてはいけません。それが大人の役割です。それを目標にするほうが、お金を残すよりずっと大切なのです。

◉大切な智恵を子孫に受け渡していく

そのことを昔の人はよくわかっていたのでしょうね。とくに老舗というのは、初代が苦労してつくったものを残していこうという思いをつないでいます。二代目も三代目もみんな、「この味を守ろう」「もっとよくしよう」と思って、お店を続けています。それが「伝統の味」とか「昔と変わらない製法」というようなかたちで今も残っているのです。

能《のう》とか狂言《きょうげん》とか歌舞伎《かぶき》のような日本の伝統芸能といわれるものも同じです。野村萬斎《のむらまんさい》さんという有名な狂言師がおられます。お話をうかがうと、萬斎さんはお父さんから「理屈はいいからとにかく狂言の型《かた》をそのまま覚えなさい」と教わったそうです。たとえば「わっはっはっは」という笑い方を、型として覚えてしまうのです。お父さんは、自分の親から受け継いだものを萬斎さんにそのまま伝え、萬斎さんは、それをそのまま自分の子どもに伝えていっています。

このように、一つの型を何代も同じように伝えていって、能や狂言や歌舞伎は日本の伝統文化となりました。そう考えると、智恵を残すほうがお金を残すよりもずっと価値があると思いませんか？　私たちも、世の中の役に立つ智恵をたくさん身につけて、それを自分の子どもにしっかり伝えていくことが大事です。『実語教』を小さいうちに勉強しておくと、それがそのまま智恵になります。ですから、みなさんが大人になって子どもや孫ができたときには、ぜひそれを教えてあげてください。そうすると、その智恵がどんどん続いていって、きっと「万代の財」になるはずです。

4 どんどん自分を磨いていこう

玉《たま》磨《みが》かざれば光《ひかり》無《な》し。光《ひかり》無《な》きを石瓦《いしかわら》とす。
人《ひと》学《まな》ばざれば智《ち》無《な》し。智《ち》無《な》きを愚人《ぐにん》とす。

どんな宝石も磨かない原石のままでは光りません。光らない宝石は石や瓦と同じです。
人も学ばなければ智恵は身につきません。智恵のない人を愚かな人というのです。

◉人間も宝石も磨かなければ光らない

玉とは宝石のこと。今も昔も宝石は貴重品です。みなさんは宝石の原石を見たことがあるでしょうか。ダイヤモンドなどはキラキラとまばゆく輝きますが、その原石はほとんど光っていません。磨いて初めて光を放つのです。また、宝石の磨き方にもいろいろあって、ダイヤモンドならブリリアントカットという磨き方にすると、とてもよく光ります。

小学校のとき、友だちに石屋さんの子がいました。その子に誘われて、毎日河原に石を探しに行きました。石を選んで拾ってきては磨いて、これは売れるかな、といいながら遊んでいました。すごく楽しい思い出です。

どんなにきれいな宝石でも磨かなければ光りません。光を放たないものは、たとえダイヤモンドの原石でも、石や瓦と同じです。光ってこそ価値があるのです。玉を磨くことを人間にたとえると、どうなるでしょう? 玉にあたるのは人間です。そして、磨くとは学ぶということ。人間は宝石の原石みたいなものなのです。学ぶことによって人は磨かれて、智恵の光が輝き出します。磨かなければ、どんなに素質のある人間でも光らないのですね。

昔、インドの森の中でアマラとカマラという二人の少女が発見されました。この少女たちは狼《おおかみ》に育てられ、狼のように行動しました。人間の言葉を教えても、なかなか覚えられませんでした。

これはどういうことでしょうか？　ちゃんとした人間になろうとすれば、幼い頃に、人間社会の中で人間としての教育を受ける必要があるのです。人間に生まれたから人間になるとは限らないのです。

少女たちが狼の社会の中で生きていけたのは、狼のやり方を学んだからです。彼女たちは、人間ではなく、狼として生きたのです。

●学ばない人を「愚かな人」という

人間として生まれても、栄養だけ与えて放っておけば、体は大きくなっても、言葉も話せない、優しさも知らない人間になるかもしれません。犯罪をおかした人を調べてみると、幼い頃に親の愛情を受けていない人が多いとも聞きます。

ですから親には、子どもをしっかりした人間として育てるために、生きるための智恵を伝える責任があります。それが子どもを育てるときの親の優しさというものです。

愚《おろ》かな人とは、判断力がなくて、何が大切かわからない人です。つまり、智恵のない人を「愚人《ぐにん》」というのです。

人間として大事なことは、器用になんでもできることより、他人に迷惑《めいわく》をかけず、人の役に立つような仕事を見つけて続けていけること、物事の判断を間違えないということです。そのためには、たくさん本を読み、人の話をよく聞くことが必要なのです。自分一人の力で智恵を身につけるのは、とても難しいからです。

昔の中国にいた孔子《こうし》という先生も、

「自分で考えるだけではなくて、優れた人の話を聞くことが大切だ」

といっています。

孔子も、「一晩中考えたけれど、たいして役に立たなかった」という経験をしたのです。その経験をもとに、「自分で考えているだけで、人から学ばないと、それは危険だよ」と教えているのですね。

このように、「学ぶ」とは、本を読んだり、人から大切なことを聞くことをいうのです。

5 毎日学ぶことが一番大事

倉《くら》の内《うち》の財《ざい》は朽《く》つること有《あ》り。
身《み》の内《うち》の才《さい》は朽《く》つること無《な》し。
千両《せんりょう》の金《こがね》を積《つ》むといえども、
一日《いちにち》の学《がく》にはしかず。

倉の中に大切にしまっておいた財産でも、なくなることがあります。
しかし、一度身についた智恵や能力はなくなることがありません。
いくら大金を積んでも、一日一日の学びには及ばないのです。

◉一度身につけた「才」は一生なくならない

昔はお金持ちの家には倉といって、大事なもの、財産を入れておく場所がありました。ところが、倉の中に入れておいた財産はそこにずっとあるかというと、使ってしまえばなくなってしまいます。

ところが、自分が勉強して身につけた技術や知識とか、自分で努力して伸ばしていった才能といったものは、一生の間、自分のものとして残っているというのです。本当でしょうか？　私は本当だと思います。

たとえば、小さな頃に一所懸命練習をして自転車に乗れるようになると、たぶん、四十歳、五十歳、六十歳になっても乗れるはずです。たとえお金がなくなって貧乏になったとしても、自転車の乗り方を忘れることはありません。

掛け算もそうでしょう。小学校二年生のときに掛け算を習います。そこで九九をしっかり覚えてしまえば、一生使えるようになります。

これは英語などのような外国語も同じです。若い頃に英語を完全に自分のものにしてしまうと、年をとっても覚えているものです。

こういうものを「才」といいます。これらの才は、一回しっかり身につけてしまえば、決して尽きないものです。そして、一生の間、ずっと役に立ちます。

だから、

「千両の金を積むといえども、一日の学にはしかず」

というのです。お金をどれほどたくさん積みあげても、それらはいつかなくなってしまいます。しかし、一日一日と学んで積み上げた才はなくなりません。だから、お金を積むことは、一日学ぶことにかなわないのです。

◉いつも上を目指そうとする向上心を持つ

私は以前、お金持ちの家の子の家庭教師をやったことがあります。その子の両親はなんとか勉強ができるようになってもらいたいと思って、私に家庭教師を頼んだのです。でも、その子はなかなか勉強をやる気になりませんでした。やる気のない子をできるようにするのは、本当に大変です。お金をいくら積まれても、簡単にできることではありません。

スポーツでもそうですね。たとえば、サッカーのコーチに「すみません。百万円差し上げますから、うちの子をうまくしてください」といっても、本人にやる気がなければいくら教えてもうまくなりません。

大事なのは、本人が向上心を持つことです。上をめざしてやろうという気持ちになることが一番大事なのです。学ぶというのは、自分で目標を決めて、一日一日、上をめざして、「今日はこれをできるようにしよう」と練習を積み上げていくことです。問題意識を持って、一日一日を大切にして練習すると、少しずつ上達していくものなのです。

そうやって修得したものを「技《わざ》」といいます。技が身につけば、無敵です。お金も幸せも、必ずあとからついてきます。

相対性原理を発見した物理学者のアインシュタインは、バイオリンを弾《ひ》くことが大好きだったそうです。特にうまかったわけではないそうですが、「バイオリンが弾けて自分は本当に幸せだ」といっては、あちこちで演奏していたようです。これも、コツコツと学んで身につけたことが自分の宝になった一つの例でしょう。

書道でも武道でもいいのですが、習い事をしている人は「一生の宝を身につけているんだ」という気持ちでやるといいと思います。そうすると、やる気が出て、身につくのも早くなりますし、うまくなればどんどん楽しくなるはずです。

6

相手を思いやる心を持とう

兄弟《きょうだい》常《つね》に合《あ》わず。慈悲《じひ》を兄弟《きょうだい》とす。

財物《ざいもつ》永《なが》く存《そん》せず。才智《さいち》を財物《ざいもつ》とす。

兄弟でも、いつも仲がいいわけではありません。でも、相手を思いやる心があれば、兄弟でなくても親しい兄弟のように見えてきます。

お金や物はいつまでもあるものではありません。だから、いくら使っても減らない智恵や技術を身につけることが大切なのです。

◉相手を思いやる心を「慈悲」という

兄弟というのは、小さい頃はいつも一緒にいますね。でも、そんなに親しい間柄《あいだがら》でも、どちらかが自分勝手に振る舞うと、けんかになって仲が悪くなってしまうこともあります。

「慈悲《じひ》」というのは、思いやりとか慈《いつく》しみの気持ちです。お釈迦《しゃか》さま（仏さま）の心といってもいいでしょう。お釈迦さまは人々を救ってやろうとして、いつも優しい気持ちで見守ってくださっているのです。

作家の芥川龍之介《あくたがわりゅうのすけ》に『蜘蛛《くも》の糸』という話があります。お釈迦さまがぶらぶらと天上の極楽を歩いているときに、蓮池《はすいけ》からはるか下の地獄《じごく》をのぞいて見たら、そこにカンダタという悪人がいるのを見つけました。そのときお釈迦さまは「カンダタは悪事をたくさん働いたけれど、一度だけいいことをした。一匹の蜘蛛を助けてやったことがあったな」と思い出します。

そこで、地獄にいるカンダタを助けてやろうと思って、お釈迦さまは一本の蜘蜘蛛の糸を垂《た》らします。カンダタはその糸を登って極楽をめざしますが、ふと下を見ると、他の罪人たちも糸にしがみついて登ってきます。

カンダタは「この蜘蛛の糸はおれのものだ。お前たちは下りろ！」と叫《さけ》びました。すると、その瞬間に蜘蛛の糸はプツンと切れてしまい、カンダタは再び地獄に落ちてしまいました。

結局、カンダタは助からなかったのですが、お釈迦さまがカンダタを助けてあげたいという慈悲の気持ちを持っていたのは確かだと思います。このように、いろいろな人に真心を持って接しようという気持ちを「慈悲」というのです。

◉みんなと仲良くするほうが毎日が楽しい

友だちに対して悪口をいったり、約束を土壇場《どたんば》でキャンセルするようなことがあると、相手はがっかりしてしまいます。兄弟だってうまくいかないことがあるのですから、友だちなんてあっという間にうまくいかなくなります。最近は、友だちといいながら、一人だけ無視したり、いじめたりするケースもあります。こういうのは、もう友だちともいえません。

いじめをする人は、相手に対する優しい思いやりの気持ちがないのです。慈悲の心のない友だちは、友だちとはいえません。そんな友だちは必要ありません。そういう人と無理をして付き合うより、一人で本を読んでいるほうがよほどましです。

思いやりがないというのは、本当にひどいことです。でも、思いやりは身につけていくものなのです。

「慈悲を兄弟とす」

とあるように、思いやりの気持ちがあると、他人であってもみんな自分の兄弟や姉妹のように思えてくる、というのです。

みなさんも経験があるのではないでしょうか。小さな頃から一緒に遊んでいた友だちとか、同じ部活動をしていた仲間は、兄弟みたいに仲が良くなるものです。

誰かをのけものにするより、みんなと仲良くなれたほうが毎日が楽しいとは思いませんか？　そういう関係をつくるために、思いやりを持たなくてはいけませんよ、と教えているのです。

「財物《ざいもつ》永《なが》く存《そん》せず。才智《さいち》を財物《ざいもつ》とす」

というのは、すでに何度も出てきました。お金や物はいくらたくさんあっても、ずっとそのままあるわけではありません。いつかは減っていきます。だから、いくら使っても減らない智恵や才能や技術などの財産を増やしていってください、といっているのですね。

7
勉強のすすめ

四大日々《しだいひび》に衰《おとろ》え、心神夜々《しんじんやや》に暗《くら》し。
幼時《いとけなきとき》勤学《きんがく》せざれば、
老《お》いて後《のち》恨《うら》み悔《く》ゆといえども、
尚《なお》所益《しょえき》有《あ》ること無《な》し。

年をとると、だんだん体は衰えて、元気がなくなっていきます。
幼いときに一所懸命勉強していないと、年をとってから後悔しても、もはやどうすることもできません。

◉若いうちの時間は黄金のように貴重なもの

「四大《しだい》」とは、地・水・火・風の四つをいっています。昔の人は、宇宙も、私たちの体も、地・水・火・風という四つの要素からできていると考えていました。ですから、ここでいう「四大」は、私たちの体のことをさしているのですね。

この四大でできている体は、年をとるとだんだんと衰《おとろ》えて、「心神《しんじん》」、つまり心とか精神も元気がなくなっていきます。実際は、六十代でも、七十代でも、八十代でも、元気な人はたくさんいますから、みんなが同じように衰えていくわけではないのですが、普通に考えれば誰でも少しずつ衰えていくものです。

ですから、元気いっぱいのときに一所懸命勉強していないと、年をとってから、「あぁ、若いときにもっと勉強しておけばよかったな」と後悔《こうかい》しても遅いのです。

「少年老《しょうねんお》い易《やす》く学成《がくな》り難《がた》し、一寸《いっすん》の光陰軽《こういんかろ》んずべからず」

という言葉もあります。「若い時期は短いし学問というものはなかなか身につかない、だから、ちょっとの隙間《すきま》も惜《お》しむようでなくてはいけない」という意味です。よく「黄金時代」といいますが、若いうちの時間は、まさに黄金のように貴重なのです。

自分自身を振り返ってみても、子どもの頃は一年が濃かったなと思います。今でも私は「小学校三年生のときには何があった」と、はっきり思い出せます。小学校時代が、自分の人生の中で一番長い六年間だったような気がします。

それに比べると、四十歳を過ぎた頃は、一年があっという間に過ぎたように感じます。時間というのは、同じように流れていないのではないかと思ってしまうほどです。

どうして子どもの頃は時間があんなに長かったのかと考えると、たぶん一年間で学んだことがとても多かったからではないでしょうか。初めて習うことばかりで、最初はできなかったことが少しずつできるようになりました。また、新しい先生や友だちにも出会いました。毎日が楽しくて、自分がどんどん変化していきました。体も大きくなりました。

このように、一年間の成長のスピードが目まぐるしいほど速かったから、毎日が濃厚《のうこう》で、長く感じたのではないでしょうか。

◉夢の実現には若いうちの勉強が欠かせない

そういう時期ですから、勉強したことがどんどん身についていきます。年をとってから同じように勉強しようと思っても、時間もかぎられますし、なかなかできるものではありません。それに、若いうちはエネルギーがあるので「やろう」という気持ちになりますが、年をとってくると、だんだん面倒になります。

それに、小学校の頃から大学を卒業するぐらいまでの間に勉強しておかないと、勉強する体力がつきません。東大の医学部に進学した人に「どのくらい勉強をしたの?」と聞いたことがあります。するとその人は、寝る時間と食事などの時間を除いて、一日十五、六時間は勉強していたといいました。そんなに勉強するなんて大変だと思うかもしれませんが、毎日続けていると慣れてしまうものなのです。

これからの社会を生きていくためには、勉強は絶対に必要です。簡単な仕事はコンピュータや機械が代わりにやってしまいますから、人間にはもっと複雑で難しい仕事が求められます。

福沢諭吉《ふくざわゆきち》も「価値のある仕事は難しい仕事なのだ」といっています。だから学問をしなさい、とすすめているのです。

人の一生の時間はかぎられていますから、将来の進路をしっかり考えて、準備するのが大切です。科学者になりたいならば、自由な時間のある子どものうちに、どんどん勉強することです。小さなうちに「こうなりたい」と決意すれば、それは絶対に実現します。

この決意を「志《こころざし》」といいますが、人生を自分の思い通りに生きるために、志を立てるのはとても大事なことです。

8

覚悟を決めたらやりとげよう

かるが故《ゆえ》に書《しょ》を読《よ》んで倦《う》むことなかれ。
学文《がくもん》に怠《おこた》る時《とき》なかれ。
眠《ねむ》りを除《のぞ》いて通夜《つうや》に誦《じゅ》せよ。
飢《うえ》を忍《しの》んで終日《ひめもす》習《なら》え。

そういうわけなので、本を読むのは退屈だなんて思わずに、しっかり読み切りなさい。
勉強をするのなら、さぼらないでやりなさい。
眠気を払って夜通し読み続けなさい。
お腹がすいても我慢して休まず習いなさい。

◉寝ずに勉強を続けた福沢諭吉

「かるが故《ゆえ》に」というのは、「若いうちに勉強しておかないと、年をとってから後悔《こうかい》しても間に合わないよ」という前の言葉を受けて、「そういうわけだから、本はしっかり読みなさい、さぼらずに勉強しなさい」といっています。

「誦《じゅ》せよ」というのは、「声に出して読んで覚えてしまいなさい」というような意味です。なんとなくやるのではなくて、しっかり自分のものにできるように集中してやりなさい、というのです。

つらい体験を乗り越えて、やりとげたときは達成感があります。

福沢諭吉《ふくざわゆきち》は若い頃、大阪の適塾《てきじゅく》というところでオランダ語を習っていました。とても活気のある塾で、みんなが猛烈《もうれつ》に勉強をしていました。あるとき、少し寝ようと思った諭吉は、枕《まくら》を探しますが見つかりません。そこで諭吉は気づくのです。「そういえば、布団《ふとん》を敷《し》いて枕で寝たことなんてなかったな」。夜は寝ずに勉強をして、誰かが朝ご飯を作りはじめた頃に「ちょっと寝るか」と横になって、朝ご飯ができた頃にはまた起きて勉強するという毎日だったのです。

諭吉たちがそんなに勉強をしたのは、何もお金になるからではありません。難しいオランダ語を理解できるようになるのは自分たちぐらいしかいないだろう、という誇りを持っていたのです。これは大事なことです。

もちろん、毎日徹夜《てつや》をして寝不足になるのはよくありませんが、そこまでして学ぼうとする姿勢は大切です。こういう特訓とか修行は人間を成長させます。

◉やりとげる覚悟を持つことが大切

マラソンのような長距離を走るのは苦しいものですが、ゴールしたときは充実感でいっぱいになります。私はそれを読書に応用して、音読マラソンというものを開いたことがあります。小学校三年生から六年生まで二百人ぐらいの子どもを集めて、夏目漱石《なつめそうせき》の『坊っちゃん』を声に出して読んで、一日で読み切ってしまおうという試みです。私が最初に「親譲《おやゆず》りの無鉄砲《むてっぽう》で」と『坊っちゃん』の一節を読み、そのあとに子どもたちが「親譲りの無鉄砲で」と繰り返していくのです。最後まで音読するのに六時間もかかりました。最初は一時間音読したら、「先生、疲れた」という子が出てきました。「疲れた人は立ってみよう。立つと元気になるよ」と私がいうと、立つのはいやなので、それからは「疲れた人いる？」と聞いても、みんな「疲れてないー！」というようになりました。

全員で六時間かけて読み切ったときは、ものすごい歓声が上がりました。「『坊っちゃん』最高！」と、みんなで喜びました。最初のうちは「疲れた」といっていたのに、六時間後には「みんな元気？」と聞くと「むちゃくちゃ元気！」といって大騒《おおさわ》ぎをしているのです。

人間というのは、大きな力を秘めています。でも、ほとんどの力を使っていないのです。ですから、ときどきは自分の力の限界を確かめるために、特訓や修行をしてみるといいのです。野球の素振《すぶ》りでも、百回や二百回振ったぐらいでは変わらないと思いますが、一日千回ずつ十日で一万回振れば、変化が実感できるはずです。英語の単語を覚えるときでも、一日に百個、二百個、三百個と覚えるつもりでやらないと、本当の力はつきません。

そういう特訓をするには覚悟が大切です。「負けないぞ」「やりとげるぞ」と覚悟をしてはじめるのです。昔の人は「そういう覚悟で勉強しろ」といっていたわけですね。みなさんも、昔の人に負けず、頑張ってください。

9

自分から積極的に学ぼう

師《し》に会《あ》うといえども学《まな》ばざれば、徒《いたずら》に市人《いちびと》に向《むか》うが如《ごと》し。

せっかく良い先生と出会っても、学ぼうという気持ちがなければ、ただの人と会っているようなものです。それでは何も得られませんよ。

◉積極的に学ぶとたくさんのことが身につく

学ぶときには、良い先生につくことが大事です。どんな先生について学ぶかはとても大切なことで、「三年修行するよりも、三年かけて良い先生を選ぶほうが大事だ」といわれるぐらいです。

でも、どんなに良い先生に出会ったとしても、自分から積極的に質問して学ぼうとしなければ、ただの人と一緒にいるのと同じようなものです。つまり、自分に学ぶ気がなければ、先生の良さが出てこないのです。

私は大学で教えていますが、本当にそうだと思います。同じ授業を受けていても、ただ単位がもらえればいいというだけの学生は、一所懸命学ぼうとしている学生に比べて、身につくものが少ないのです。同じ教室で、同じ先生に、同じ内容を教わったとしても、学ぶ側の姿勢によって得るものがまったく違います。「この先生から絶対に学んでやろう」という意欲を持った人は、積極的に質問をしてきます。そうすると、先生も教えてやろうという気になりますから、より多くのことが学べるのです。反対に、やる気がなくて質問もしない人は、先生の良さを引き出すこともできませんし、何も得られません。

大学では、自分の興味ある授業を受けることができますし、先生も選べます。そういう機会をぜひ生かしてもらいたいと思います。前列に座って、先生の話をよく聞いて、授業が終わったら質問をしてみる。「先生の読んだ本で、何かいい本ありますか」と聞けば、「これがいいよ」と教えてくれるでしょう。そうしたら、次はその本を読んで感想を伝えてみるのです。そのようにして学んでいくと、上級生になる頃には、他の学生と比べて明らかに差がでてきます。

せっかく良い先生と出会ったのだから、なんとしても先生の良いところを学んでやろうという姿勢が大事です。

◉できる人に聞くことが上達の早道になる

私が一緒に仕事をさせていただいている北野武（ビートたけし）さんは、お笑い界でも映画界でも一流の人です。ときどきお話をするのですが、「みんな、案外、聞きにこないんだよな」といいます。プロ野球の三冠王《さんかんおう》をとった名選手で中日の監督として日本一になった落合博満《おちあいひろみつ》さんも、「若い選手が聞きにこないんだよね。聞きにくれば教えるのに」といっていました。

二人ともすごい人だから、近寄りがたいと思ってしまうのかもしれませんが、もったいないなぁと思います。聞きにこない人に教えるのは難しいのです。

みなさんは、良い先生と出会ったら積極的に話を聞きにいく、という習慣を身につけてください。たとえばサッカーのリフティングがうまくなりたいのなら、うまい人に「どうしたらいいでしょうか?」と聞けばいいのです。うまい人は、うまくできるコツを知っていますから、自分一人で練習するより、ずっと早く上達できます。できる人に聞くのは、上達の近道なのです。

積極性さえあれば、どんどん学べます。ですから、自分からやる気を見せることが、とても大事なのです。世の中には親切な人がたくさんいます。頭を下げて

「教えてください」と頼めば、きっと教えてくれますから、勇気を出して頼みにいってみましょう。

そういう積極的な姿勢は、大きくなって世界に出ていくときにも役に立ちます。日本人は真面目ですが、遠慮《えんりょ》しがちなところがあります。そこは変えていったほうがいいでしょう。積極的になれば、世界は大きく広がっていきます。

10

繰り返しのすすめ

習《なら》い読《よ》むといえども復《ふく》せざれば、
只《ただ》隣《となり》の財《たから》を計《かぞ》うるが如《ごと》し。

勉強をするのも本を読むのも、一度だけでなくて繰り返しやらなければ、ただ隣りの家の財産を数えるようなものです。それでは自分のものにはなりませんよ。

◉あれこれ手を出すより一冊の良い問題集を十回やるほうがいい

勉強するのでも本を読むのでも、一度やって終わりではダメなのです。それは隣《とな》りの家の財産を数えているようなもので、自分のものにはなりません。復習をしたり、繰り返し読むことによって、だんだん理解が深まって、自分のものになっていきます。そこまでやらなければ価値がありませんよ、と教えている言葉です。

昔の人は、いい本を何度も何度も、すり切れるほど読みました。

「読書百遍《ひゃっぺん》意《い》自《おの》ずから通ず」

という言葉があるのですが、最初は意味がわからなくても、百回読むと何が書かれているかが自然とわかってくるというのです。

今はインターネットの時代ですから、情報はいくらでも手に入ります。しかし、それを読んだだけでは理解できたとはいえません。

東大に入った人たちに数学の勉強の仕方を聞いたことがあるのですが、一つの良い問題集を五回、十回やったという人がたくさんいました。

もちろん十冊の問題集をやったという人もいましたが、そういう人より、良い問題集を選んで何回も繰り返し解いたという人のほうが多かったのです。できなかったところを何度もやって、完全に理解できるようにしたというのですね。

一冊の良い問題集を何回も繰り返してやって、解き方を完全にマスターしてしまうと、初めて見る問題でも「これはあの問題とあの問題の組み合わせだな」と気づくようになります。つまり、応用できるのです。一回や二回解いただけだと、なかなかそこまではいきません。だから、完全に身につけることが大事なのです。

楽器の演奏も同じです。五回や六回練習しても、すぐに間違えてしまいますが、十回、二十回、三十回と繰り返していくと、だんだん間違えなくなってきます。

◉どんなときも失敗しない「技」や「型」を身につける

そういうふうにして完全に修得したものを「技《わざ》」といいます。技を修得するには、反復《はんぷく》が大事です。自分のものになるまで徹底的にやる必要があるのです。

武道ならば、一万回から二万回繰り返します。バスケットボールのシュートなども、初心者が確実に決められるようになるまでは、二万本くらい反復練習する必要があるそうです。そうした練習を積み重ねることによって、どんなときにも失敗しない「技」になるのです。

読書も同じです。良い本を何回も繰り返して読むと、それが自分のものになっていきます。みなさんも体験していると思います。小さなときに繰り返し読んだ絵本は、大きくなってもその内容を覚えているでしょう。

私の体験でいえば、夏目漱石《なつめそうせき》の『坊っちゃん』は十回ぐらい読みました。音読も四回ぐらいやっていますから、ストーリーやセリフがすっかり頭の中に入ってしまっています。

こうやって繰り返し練習をして技を覚えていくというのは、日本人が何かを身につけるときに、昔からやってきたやり方です。この技は「型《かた》」ともいいます。

何度も繰り返す基本的な動作を「型」というのです。

その型が自然にできるようになるまで練習するというのが、日本人の伝統的なやり方でした。それが日本独特の文化をつくりました。また、日本の車や電器製品がなかなかこわれないと世界中で称賛《しょうさん》されたのも、何度も何度も作り方を改善して、失敗しないような完全な型をつくったところに秘密があったのです。

11

良い仲間と切磋琢磨しよう

君子《くんし》は智者《ちしゃ》を愛《あい》し、小人《しょうじん》は福人《ふくじん》を愛《あい》す。

立派な人は智恵のある人を愛し、つまらない人はお金持ちを愛します。

◉どんな友だちを選ぶかはとても大切なこと

ここに出てくる「君子《くんし》」と「小人《しょうじん》」は、正反対の人をいいます。君子というのは立派な人ですが、小人は子どもではなくて、たいしたことのない人、考えのない人、智恵のない人です。今から二千五百年くらい前の中国でできた『論語《ろんご》』という本の中には、この君子と小人について、いろいろ書いてあります。君子と小人は、いつもセットになって比べられるのです。

たとえば、「君子は和《わ》して同《どう》ぜず。小人は同じて和せず」という言葉がありま す。これは「君子はみんなと仲良くするけれど、いつも一緒の行動をするとは限らない。小人はみんなと同じ行動をしようとするけれど、仲良くはやっていけない」という意味になります。

『実語教』では、立派な人は智恵のある者を愛し、たいしたことのない人はお金持ちを愛するといっていますね。この「愛す」というのは、「友だちにしたいと思う」という意味にとってもいいでしょう。

みなさんなら「どういう人と友だちになりたい？」と聞かれたら、どう答えるでしょうか。「賢い人と友だちになりたい」というのは、君子的な答えだと思います。一方で「お金持ちと友だちになりたい。一緒にいるといいことがありそうだから」というのは、小人的な答えです。

どちらがいいのか、よく考えてください。どんな人を友だちにするかは、将来のためにも、とても大切なことなのです。

◉向上心を持って、高いレベルで切磋琢磨しよう

今、私立中学を受験しようかと迷っている人がいるとすれば、私なら「受験できるチャンスがあるなら受験するのがいい」とアドバイスします。別に私立中学に入らなくても、自分でしっかり勉強すればいい大学には行けるでしょう。ただ、レベルの高い学校にはやる気のある人たちが集まります。そういう場所にいると、自然とお互いに磨《みが》き合って、一緒に上を目指すことができるのです。これを「切《せっ》

磋琢磨《さたくま》する」といいます。

スポーツのチームも同じですが、みんなで「やろう」と思っているところに、やる気がない人が混じっていると、全体の熱が冷めてしまいます。どうせやるなら、やる気のある人が集まっている場所に行ったほうがいいのです。レベルの高い中学を受験する意味も、そういうところにあります。

勉強でも、スポーツでも、少しでもレベルの高いところでやりたい、と思うようになってほしいと思います。大学受験でも、東大や京大をめざすのもいいし、世界的に有名なハーバード大学をめざすのもいいと思います。でも、有名な中学、高校、大学に入っても、それで安心してしまって勉強しないのでは意味がありません。自分を磨くことが大事です。「どこにいても、チャレンジし続ける！」この気持ちを持っている人は輝いています。

今は、たくさんの日本人が海外で活躍しています。サッカーなら香川真司《かがわしんじ》選手がイギリスのマンチェスター・ユナイテッドで、長友佑都《ながともゆうと》選手がイタリアのインテル・ミラノで活躍していますね。

プロ野球選手でも、お金だけを考えるのなら、日本にいたほうが儲《もう》かるのに、給料が下がってもメジャーリーグに行きたいという選手がたくさんいます。それはなぜかというと、「よりレベルの高い場所で勝負したい」という気持ちがあるからです。そういう気持ちを「向上心」といいます。自分の力がどこまで通用するか試してみたい、と彼らはいっています。

ですから、自分のいる場所に満足するのではなくて、常に向上心を持ち続けることが大事なのです。これは、君子的な生き方といえると思います。

12
努力をすれば花が咲く

富貴《ふうき》の家《いえ》に入《い》るといえども、
財無《たからな》き人《ひと》の為《ため》には、なお霜《しも》の下《した》の花《はな》の如《ごと》し。
貧賤《ひんせん》の門《かど》を出《い》ずるといえども、
智有《ちあ》る人《ひと》の為《ため》には、あたかも泥中《でいちゅう》の蓮《はちす》の如《ごと》し。

お金持ちの家に生まれたり養子に入ったりしても、智恵や人徳がなければ、霜の下の花のようにしおれてしまいます。
貧しい家に生まれたとしても、努力して智恵を身につければ、泥の中の蓮のように花を咲かせることができます。

◉生まれた環境より大切なのは努力をすること

『実語教』では「勉強しない人、上をめざして努力しない人には、あまりいいことは起こりませんよ」と繰り返し教えています。ここの言葉もその一つです。

お金持ちの家に生まれたとか、お金持ちの家に養子に入ったとしても、「財無《たからな》き人」はうまくいかないといっています。この「財」はお金というよりも、身についたものをさしているのでしょう。たとえば智恵や人徳のようなものです。

これらは目に見えるわけではありませんが、自分自身にとっての財産といっていいでしょう。そういった「財」がないと、お金がいくらあっても、霜《しも》の下に咲いている花のように、すぐに萎《しお》れてしまう。つまり、成功はなかなか長続きしない、といっているのです。

これとは反対に、生まれた家があまりお金持ちではなかったとしても、向上心を持って頑張っていれば智恵が身についていて、泥《どろ》の中の蓮《はす》の花のように、きれいな花を咲かすことができる、というのです。

みなさんは蓮の花を見たことがあるでしょうか？　蓮は泥沼《どろぬま》のようなところでも、ピンクや白のきれいな花を咲かせます。そのため、昔から仏教の世界では蓮の花をとても大事にしてきました。泥の中で美しい花を咲かせる蓮を見た昔の人は、「これはきっと仏さまのはからいに違いない」と驚いたのでしょうね。

◉苦しいからこそ頑張れる

そんな泥の中の蓮の花と同じで、大変な環境に生まれても、努力して智恵を身につければ、美しい花を咲かせることができる、成功できるというわけです。「ハングリー精神」という言葉を聞いたことがあるかと思います。自分の家が貧しくても、「自分が頑張って親を楽にしてみせる」という向上心を持って努力を続ければ、それは必ず実現するのです。

そういうやる気が大切なのですね。自分の家にはお金がないから勉強できない、あの人の家はお金持ちだから塾にも行けるし、家庭教師もつけられる、と思ってはダメです。塾や家庭教師も確かにいいものですが、自分がやる気にならなければ、役立ちません。

逆に、自分一人でも「できる」と思ってやればできるのです。

東大に合格した人でも、本当に頭のいい人は、塾にも行かず、家庭教師もつけていません。学校の勉強を大切にして、自分で問題集をひたすら解いたという人がたくさんいます。

自分がやるしかないと思うほうが、気持ちも引き締まります。お金があるからなんでもできると思うと、油断《ゆだん》してしまうこともあります。

ですから、自分がどんなに大変な状況にあっても、それを「できない言い訳」にしてはいけません。

自分が苦しい環境に置かれることを「逆境《ぎゃっきょう》」といいます。でも、逆境に負けてはいけないのです。貧しい家から偉人《いじん》が生まれたという話は、いくらでもあります。

有名な野口英世《のぐちひでよ》も貧しい家に生まれました。左手に大きなやけどもしていました。それでも、世界的な医学者になりました。恵まれていないからこそ、やる気に火がついて頑張れるということもあるのです。

13 目上の人を尊敬しよう

父母《ふぼ》は天地《てんち》の如《ごと》く、師君《しくん》は日月《じつげつ》の如《ごと》し。
親族《しんぞく》はたとえば葦《あし》の如《ごと》し。夫妻《ふさい》はなお瓦《かわら》の如《ごと》し。
父母《ふぼ》には朝夕《ちょうせき》に孝《こう》せよ。師君《しくん》には昼夜《ちゅうや》に仕《つか》えよ。

父母は天地のような存在であり、先生や指導者は太陽や月のような存在です。親戚はたくさんいても、父母や先生の代わりになるとは限りません。夫婦も互いが先生になるわけではありません。ですから、両親は大切にして、いつも孝行をしなさい。先生は尊敬して、いつもその言葉にしたがって学びなさい。

◉両親への感謝を忘れてはいけない

これは、目上の人の言うことをよく聞き、智恵のある人から学ぶ大切さを教える言葉です。

お父さんやお母さんは、みなさんを生み育ててくれた人ですから、みなさんよりも世の中のことをよく知っています。だから、天地とか宇宙みたいなものなのだといっていますね。

宇宙が地球のすべてを生み出してくれたものだとすれば、私たちにとっての天地・宇宙は両親です。お父さんとお母さんがいなければ、みなさんは、この世に生まれていないのです。だから、父母は大事にしなくてはいけませんよ、といっているのです。

「孝《こう》」という字があるのは知っていますか？　親孝行の「孝」です。

この字は両親を大切にしましょう、という意味をあらわしています。父の日とか母の日には、記念に贈り物をするとか、「ありがとうございます」と感謝の気持ちを伝えることも「孝」の一つですね。とても大事なことです。

子どもは親に育てられるのは当たり前と思うかもしれません。でも、親からすると、子どもを育てるのは大変なのです。自分でやりたいことがあっても我慢《がまん》して、子どもが病気にならないように、ちゃんと学校に行けるようにと、毎日子どものことばかり考えています。だから、子どものほうも、両親に感謝しながら生きなくてはいけないのです。

昔の子どもたちは、両親にも敬語を使って話していました。「お父さま、お母さま、お休みなさい」「行ってらっしゃいませ」というように、自分の敬意を表現していました。

今の子どもたちは、親にも友だちのように話すことが増えてしまいました。でも、親への「孝」という気持ちは忘れてはいけないと思います。

みなさんはまだ、自分一人で生きていくことはできないでしょう。お父さんやお母さんに教えてもらうことが、たくさんあります。ですから、両親にはいつも

「ありがとうございます」という気持ちを持たなくてはいけません。

ここの言葉は、親を大切にすることは自分自身にとっても大事ですよ、といっているのです。

◉厳しいアドバイスを大切にしよう

続いて「師君《しくん》」という言葉が出てきます。

師君とは、先生とか君主《くんしゅ》（殿さま）のことですが、ひとことでいうと、みなさんを教え導いてくれる目上の人をさしています。こういう人たちは、太陽や月のように大事に敬いなさい、といっているのです。

太陽や月があるのは当たり前と思うかもしれませんが、それがなくなったときのことを考えてみてください。太陽がなければ、どんな生き物も成長することができません。月がなければ、夜は真っ暗で歩くことができません。太陽も月も、私たちにはとても大事なものです。

卒業式のときに歌う「仰《あお》げば尊《とうと》し我が師の恩」という歌があります。卒業式というのは、先生に「お世話になりました」と感謝する場でもあります。師君には、そういう感謝の気持ちを持たなくてはいけませんね。

みなさんが何かを習うとき、先生に向かって「よろしくお願いします」「ありがとうございました」と挨拶《あいさつ》をするでしょう。今は、そういう挨拶ができない人も多いようですが、自分より優れた人たちに尊敬の気持ちを持つのは当たり前のことなのです。

先生や親は、友だちとは違います。だからこそ、親はみなさんのことをいつも思ってくれているわけですし、先生もみなさんが良くなるようにアドバイスをしてくれるのです。

そういう人たちの言葉は、自分のためになることばかりです。自分に都合のいいことばかりいってくれる人の言葉だけを聞く人もいますが、それは間違っていると思います。

「良薬《りょうやく》は口に苦し」という言葉を知っていますか? 良くきく薬は苦いものだ、という意味です。

これと同じで、自分にとって気持ちのいい言葉がいつも正しいとはかぎりません。反対に、厳しく聞こえる言葉の中に、自分を正しく導いてくれる教えが含まれていることも多いものなのです。

◉親や先生は特別な存在

次に「親族《しんぞく》はたとえば葦《あし》の如《ごと》し」とあります。

昔は兄弟が多かったから、親戚《しんせき》もたくさんいたのでしょう。だからといって、そういう人たちが智恵を授けてくれる両親や先生のようになってくれるとはかぎりません。

「葦の如し」とありますが、「葦」は小さい草で、たくさん生えます。ここでは「頼りにならないもの」の意味で使っているようです。

続いて、「夫妻《ふさい》はなお瓦《かわら》の如《ごと》し」といっています。

「瓦」ですから、宝石のようにキラキラしたものではありません。夫婦は互いに尊敬し教え合う関係というより、一緒に生活をして頑張って子どもを育てていくという間柄《あいだがら》です。親子とか、先生と生徒という関係とはちょっと違いますよ、といっているのでしょう。

だから、「父母《ふぼ》には朝夕《ちょうせき》に孝《こう》せよ。師君《しくん》には昼夜《ちゅうや》に仕《つか》えよ」。

つまり、お父さんやお母さんは大事にしなさい、先生の言葉はしっかり聞きなさい、といっているわけです。

昔の教育は、「お父さん、お母さんを大事にしなさい」「先生を大事にしなさい」と、徹底して教えていました。それによって、家庭や学校には落ち着きがありました。

でも今は、生徒が授業中に先生の注意を聞かず、勝手に教室内を歩き回るようなことがあります。また、親に反抗《はんこう》する子もいます。昔では考えられないことです。昔の子どもは、みんな先生や親を尊敬して、その言葉にしたがうのが当たり前だと思っていたからです。

親や先生の言葉をしっかり聞くことは、みなさんが立派な大人になるために、とても大切なことなのです。

14

一生の友だちをつくろう

友《とも》と交《まじわ》りて争《あらそ》う事《こと》なかれ。
己《おのれ》より兄《あに》には礼敬《れいけい》を尽《つ》くし、
己《おのれ》より弟《おとうと》には愛顧《あいこ》を致《いた》せ。

友だちとけんかをしてはいけませんよ。
自分よりも年上の人には礼儀正しく尊敬の気持ちを持って接しなさい。
自分より年下の人はかわいがってあげなさい。

◉どんな人からでも学ぶことがある

友だちと、どういうふうに接すればいいのかを教えている言葉です。お父さん、お母さんには親孝行をしなさい、先生には尊敬の気持ちを持ちなさいといっていましたが、友だちとはどう付き合ったらいいのでしょうか？

まず「友だちとはケンカをしてはダメですよ」といっていますね。

「三人寄れば文殊《もんじゅ》の智恵」という言葉があります。「三人で集まれば、たくさん智恵が出る」というのです。『論語《ろんご》』にも、「三人でいたらその中に必ず自分の先生がいる（三人行《ゆ》くときは、必ず我《わ》が師《し》あり）」とあります。

これは、自分より優れた人からは優れた部分を学び、自分より劣《おと》っている人がいれば、その人の行いを見て良くないと思った部分は、まねないようにしなさい、というわけです。誰といても学ぶものがあるのだよ、といっているのです。

友だちは、ほんのちょっとのケンカでも失ってしまうものです。自分勝手な人、すぐにケンカをする人は、友だちがだんだん少なくなってしまいます。

自分の意見が友だちと違ったときには、押し通そうとしないで、お互いに違うところもあるんだなと考えて、ゆるやかに仲良く付き合えばいいと思うのです。そういう関係ならば、大人になっても付き合える一生の友だちになれるはずです。

◉年上には礼儀正しく、年下には優しく

次に「己《おのれ》より兄《あに》には礼敬《れいけい》を尽《つ》くし、己《おのれ》より弟《おとうと》には愛顧《あいこ》を致《いた》せ」とあります。

兄というのは、本当のお兄さんだけではなくて、自分よりも目上の人、年上の人です。年上の人には礼儀《れいぎ》を尽くして、尊敬の念を持って接しなさい、といっているのです。一方、弟というのは、自分より目下の人、年下の人です。そういう年下の人は、愛情を持ってかわいがってあげなさい、ということですね。

中学や高校の部活動にあてはめていうと、二年生になったら、三年生にはていねいな言葉づかいで話し、一年生には親しく交わってあげればいいのです。それがうまくできると、上の人とも下の人とも仲良く付き合えます。

たとえば、新しい仲間があなたの野球チームに入ってきたとしたら、「一緒にやろうよ」と、あなたから声をかけて、キャッチボールをしてあげてください。新しい子は知り合いが一人もいませんから、自分から「一緒にキャッチボールをしよう」とはなかなかいえません。その気持ちをわかってあげて、率先《そっせん》して声をかけてあげると、相手はとても安心します。それだけで友だちになれるはずです。こういう気配りができるようになると、人間としても一回り大きくなれます。

会社の中でいい仕事をして出世する人というのは、上司にかわいがられる人です。そういう人は、上の人に礼儀正しく、一所懸命仕事をします。また、後輩には積極的に会社の仕組みやルールを教えてあげる優しさがあります。後輩をいじめるような人は、絶対にいい仕事はできませんし、出世もできません。

年下でも同《おな》い年でも、新しく入ってきた人に優しくできるというのは、大人も子どもも関係なく大事です。優しく接してもらうと、相手はとても心強いものですし、信頼も寄せてくれます。そうやって仲間を増やしていけばいいのです。

15

人間として大切なもの

人《ひと》として智《ち》無《な》き者《もの》は、木石《ぼくせき》に異《こと》ならず。
人《ひと》として孝《こう》無《な》き者《もの》は、畜生《ちくしょう》に異《こと》ならず。

智恵を持っていない人は、木や石と変わりません。
親孝行の気持ちを持っていない人は、動物と変わりません。

◉いい人生を送っている人の条件

智恵のない人は木や石と同じだ、といっています。木や石には人間と同じような感情や智恵はありません。ですから、智恵のない人は人間とはいえないよ、というのです。昔の人は、子どもにもずいぶん厳しいことをいっていますね。

「おまえには智恵がないから、そのへんの木や石と一緒だ！」

こんなことをいわれると、昔の子どもは発奮《はっぷん》して、「絶対に智恵のある人になってやる！」と必死になって勉強をしたのです。

次に、親孝行の気持ちがない人は「畜生《ちくしょう》」と同じだといっています。

「畜生」というのは、下等な動物のことです。これも厳しい言葉ですね。「親を大切にしない人は人間じゃない！」といっているわけです。

どちらも厳しい言葉です。でも、子どもにはこのぐらい厳しくいったほうがいいと昔の人は考えていたようです。こういうふうに厳しくいわれて、「ちゃんと勉強しよう、ちゃんと親を大事にしよう」と思う子どものほうが、大人になったときにしっかり生きていけると考えていたのでしょう。

しっかり智恵を身につけようと思って勉強を続ければ、向上心も探究心も育ちますから、いい大学、いい会社に入りやすくなります。まわりの人たちとの付き合いもうまくいきますから、結果として社会に出ても成功しやすくなるのです。

また、親を大切にしようと思っていると、親を早く楽にしてあげたい、親に心配かけないようにしようとします。その結果、まっとうな仕事について、ちゃんと結婚をして、親を喜ばせるために子どももつくろうとします。そういうふうに生きると、親が喜ぶだけではなく、自分自身もいい人生を歩めるのです。

少しぐらい厳しいほうが子どもは人としての道をわきまえるようになる、ということです。この点は、今の大人も昔の人に見習いたいものです。

◉「感謝」という字は元気のパワーを持っている

「孝」という字は前にも説明をしました。これは「恩」という気持ち、感謝の気持ちといってもいいでしょう。親に感謝して恩返しをしようとする気持ちです。

恩を感じて生きるという姿勢を持つと、それは自分自身の心の柱にもなります。「ここまで育ててくれて、ありがとう」という気持ちを持っている人は、自分も強くなれます。そう考えると、恩の気持ちは単に人に感謝するだけのものではなくて、自分自身が豊かになっていくためにも大事なものなのです。

私自身、今の仕事をしているのも、親が本好きだったり、小学校の先生が音読を教えてくれたおかげです。本当にありがたいと感謝しています。

先日、テレビ番組で高校のときの先生と会いました。高校を卒業して三十年ぐらい経《た》っていますが、二人の関係は全然変わっていませんでした。先生はずっと先生のままなのです。お話をしていて、まさに「我が師の恩」を感じました。

書道家の武田双雲《たけだそううん》さんは、「感謝の気持ちを持つとパワーが出ます」といわれています。感謝という字を書くだけで、書いているほうが元気になってくるというのです。これも本当だと思います。みなさんもぜひ、試してみてください。

16

落ち着いた気持ちをつくろう

三学《さんがく》の友《とも》に交《まじわ》らずんば、何《なん》ぞ七覚《しちがく》の林《はやし》に遊《あそ》ばん。

戒・定・慧の三学を共に学ぶ友と交わらなければ、心を育てるための七つの階段を上り、七覚という素晴らしい花の林で友と共に遊ぶことはできません。

◉正しいものを学ぼうとする良い習慣を身につける

「三学《さんがく》」というのは、仏教の教える「戒《かい》・定《じょう》・慧《え》」という三つをさしています。戒というのは「戒《いまし》め」で、良い行いを習慣づけることです。定とは「定まる」ことで、乱れない心を育てるということ。慧は、智恵の「恵」の古い字ですが、世の中の真理（本当のこと）に気づいて心が安らぐことをいいます。

この「三学」は仏教の修行の目的ですが、私たちの毎日の生き方でいえば、「正しいものを学ぼうとする良い習慣を身につけよう」ということになるでしょう。

ですから、「三学《さんがく》の友《とも》に交《まじわ》らずんば」というのは、「仏教の正しい習慣を共に学ぶ友が大切である」という意味にとらえればいいと思います。

そうでないと、やはり仏教にある「七覚《しちがく》」という「心を育てる七つの階段」を上っていくことができないというのです。

この七つの階段とは、次のものです。

①物事のありのままの状態に気づく。
②心と体のそれぞれの働きの違いがはっきり見えてくる。
③精進《しょうじん》し努力する姿勢が生まれてくる。
④精進や努力の結果、心に喜びを感じるようになる。
⑤心や体が落ち着き、軽くなる。
⑥心が散らばらず、一点に集中できるようになる。
⑦何があっても心が揺《ゆ》れ動かず、いつも静かな気持ちでいられるようになる。

ちょっと難しいのですが、この順番で心が育っていくわけです。そして、このような階段を上っていくためには、まず基本になる正しい勉強のやり方を習慣として身につける必要があります。基本のあとに、発展があるということです。

たとえば、掛け算の九九というのは基本です。九九ができないと、そのあと、いろいろな面で困ります。九九は、算数の勉強だけでなく、生き方の基本にもなるのです。だから、九九は繰り返し唱えて、完全に覚えなくてはいけません。それが次のステップにつながっていきます。

◉心を統一して意識を落ち着かせる

仏さまの教えというものを、昔の日本人はとても大切にしていました。その影響は今の日本人の中にも残っていると思います。東日本大震災のときでも、大半の日本人は落ち着いていて、状況を静かに見守っていました。店から商品を盗《ぬす》むような人はいませんでしたし、人に暴力を振るうこともなかったと思います。

心を統一して意識を落ち着かせることを、日本人は長年大事にしてきました。仏教にも、そのための練習方法があります。それが坐禅《ざぜん》です。坐禅とは、すわって静かな気持ちになるための修行です。

みなさんにも、気持ちが落ち着く簡単な方法を教えましょう。

まず、おへその位置から指三本分ぐらい下のところを触ってみてください。次に、ゆっくりそこで呼吸するようにイメージします。鼻から息をゆっくり吸って、少し止めて、今度は口からふーっとゆっくり細く吐《は》いていきます。十秒くらいかけてゆっくり吐きます。

これだけで、気持ちが落ち着いてきます。「落ち着こう」と自分自身にいい聞かせてみてください。これは昔の日本人がやっていた落ち着いた気持ちの作り方です。

儒教《じゅきょう》には「仁《じん》・義《ぎ》・礼《れい》・智《ち》・信《しん》」という大切な五つの徳がありました。

「優しい気持ちを持ちましょう（仁）」
「約束を守りましょう（義）」
「礼儀《れいぎ》を尽くしましょう（礼）」
「智恵を持ちましょう（智）」
「行動と言葉を一緒にしましょう（信）」

この五つの目標を立てて、自分自身の行動を振り返るように努めていたのです。

昔の日本人は、小さな頃からこうした仏教や儒教の教えを交えながら、落ち着いた智恵のある人間になることをめざしていたのです。

17

「慈・悲・喜・捨」の四つの心を育てよう

四等《しとう》の船《ふね》に乗《の》らずんば、
誰《たれ》か八苦《はっく》の海《うみ》を渡《わた》らん。

人を大切にする四つの心を持たなければ、苦しみに満ちたこの世の中を渡っていくことはできません。

◉苦しみの多い世の中を生きるために大切な四つの心

ここにある「四等《しとう》」とは、人を大切にする「慈《じ》・悲《ひ》・喜《き》・捨《しゃ》」の四つの心のことをいいます。

「慈」とは、相手に楽しみを与えて、一緒に喜ぼうとする心。
「悲」とは、相手の苦しみを取ってあげて、一緒に悲しんであげる心。
「喜」とは、相手の幸せを一緒に喜んであげる心。
「捨」とは、差別なくみんなに平等に接する心。

こういう四つの心を持って世の中にこぎ出れば、苦しみの多い人間社会という海も渡っていけますよ、といっているのです。
「八苦の海」とありますが、仏教では、この世の中には八つの苦しみがあるといわれています。

まず「生《しょう》・老《ろう》・病《びょう》・死《し》」という四苦があります。生まれる苦しみ、老いる苦しみ、病気の苦しみ、死ぬ間際《まぎわ》の苦しみです。それに加えて、愛する人と別れる苦しみ（愛別離苦《あいべつりく》）、嫌いな人と顔を合わせなければならない苦しみ（怨憎会苦《おんぞうえく》）、欲しいものが自分の手に入らない苦しみ（求不得苦《ぐふとくく》）、欲や思いこみの中で生きる苦しみ（五蘊盛苦《ごうんじょうく》）の四苦があります。これを合わせて八苦になります。

では、この八つの苦しみから逃れるためにはどうすればいいのでしょうか？お釈迦《しゃか》さまは、まず「欲をあまり持ちすぎないようにしなさい」といっています。それとともに、「慈・悲・喜・捨の四つの心を持ちなさい」と教えているのです。

◉世の中は丸いかたちをしている

これは本当のこと、真理です。「慈・悲・喜・捨」の四つの心を持つ人とは、他人に対して気配りができて、優しくできる人です。こういう人は、世の中を幸せに渡っていくことができるのです。なぜかといえば、友だちも増えますし、先輩や上司にもかわいがられるからです。

他人に気配りができる人、他人と一緒に喜んだり悲しんだりできる人を嫌う人はいません。何もかもを否定して、不満や愚痴《ぐち》ばかりいっている人に比べれば、他人への心配りのできる人はしっかりした船に乗って海を渡っていけるのです。

「情けは人のためならず」という言葉を聞いたことはありませんか？

この言葉を「情けをかけるのは人のためにならない」と間違って覚えている人が多いのですが、そういう意味ではありません。「他人にかけた情けは、めぐりめぐって自分のところに返ってきますよ」という意味なのです。

人の世の中というのは丸くできています。丸いかたちをしているのです。だから、自分が人のためによいことをしたら、それがまた一周して、いつか自分に返ってくるのです。そういう気持ちで他人と接するほうが、自分だけが得をしようと思って接するよりも、ずっと楽しくなると思いませんか？

宮沢賢治《みやざわけんじ》の「雨ニモマケズ」という詩に

「ジブンヲカンジョウニ入レズニ」

という一節があります。これは「自分のことばかり考えないで、自分が得をしようと思わずに」ということをいっています。

また、「ミンナニデクノボートヨバレ／ホメラレモセズ／クニモサレズ／サウ《ソ》イフモノニ／ワタシハナリタイ」と賢治はいっていますが、この生き方は「四等《しとう》の船《ふね》」に乗っている生き方だと思います。こういう人だったから、今でも宮沢賢治はたくさんの人に愛されているのです。

みなさんも、他人を思いやれる人になってください。

18 幸せな人生を歩くためには

八正道《はっしょうどう》は広《ひろ》しといえども、
十悪《じゅうあく》の人《ひと》は往《ゆ》かず。
無為《むい》の都《みやこ》は楽《たの》しむといえども、
放逸《ほういつ》の輩《ともがら》は遊《あそ》ばず。

八つの正しい教えに沿った道は広大ですが、十の悪い心を持った人は恐れて歩こうとしません。
無理をせず自然に生きることは楽しいのに、だらしがなくて欲深い人はその楽しさを味わおうとしません。

◉八つの正しい生き方と十の悪い行い

これも仏教の考え方です。

「八正道《はっしょうどう》」というのは、「正しく見ること」「正しく思うこと」「正しく話すこと」「正しく振る舞うこと」「正しく働くこと」「正しく努力すること」「正しく心を集中すること」「正しく気づくこと」の八つの正しい教えをさしています。

このような正しい道は広く大きなものだけれど、十の悪い心を持つ人は、恐れをなしてその道に近づこうとはしないというのです。

では、「十悪《じゅうあく》」とはどういうものでしょうか。

これは、「殺す」「盗《ぬす》む」「みだらな行いをする」「虚飾《きょしょく》（いつわり）の言葉を使う」「二枚舌を使う」「悪口をいう」「むさぼる（欲張《よくば》る）」「憎《にく》しみの感情を持つ」「道理がわからずに愚《おろ》かな考えを持つ」ことをいいます。

この八正道というのは、正しい教えの道と考えればいいでしょう。これもお釈《しゃ》迦《か》さまが教えた道です。

この道は、誰でも歩いていくことのできるような広々とした道なのですが、悪さをする人は、そんな広い道でも堂々《どうどう》と歩けません、といっているのです。つまり、十悪というものに気をつけて、それをしないようにすれば、みんなちゃんと八正道を歩けますよ、といっているわけですね。

◉無理をしなくても楽しく生きていける

次の「無為《むい》」というのは、無理に何かしようと思わず、自然にしていることです。そういうようにしていると、豊かな都にいるように楽しいというのです。

これは、昔、中国にいた老子《ろうし》という人の考えに近いように思います。老子は「人はあまり考えすぎるよりも、自然に逆らわずにやっていくほうがいいよ」と教えました。それをひとことで「無為自然《むいしぜん》」といったりします。人間も自然の一部なのだから、無理をするのは良くない、といっているわけです。

「無為の都《みやこ》」というのは、自分自身に無理のない形で世の中を楽しむ方法がたくさんあることを示しています。

実際、私たちが生きていくためには、本当はそんなにたくさんのものが必要なわけではありません。でも、「放逸《ほういつ》の輩《ともがら》」といわれる「だらしなくて欲の深い人」は、なんでも自分のものにしたがって、お金がなくなれば借金をしてでも手に入れようとします。そして結局、借金取りに追いかけられるような人生を送ってしまうのです。

欲が少なければ楽しく暮らせるのに、欲の多い人はそんな楽しみを知らず、欲にまかせて生きて、最後は自分が困ってしまうのです。こうして幸せな人生から外れていってしまうわけです。

みなさんには、できれば一生、借金をしない人生を歩んでほしいと思います。借金をすると、借りたお金に利息《りそく》がついて膨《ふく》らんでいきます。借りただけ返せばいいわけではありません。そして、お金を借りなくてはならないほど困るような人は、お金を返すのも大変な人が多いのです。だから、いつまでも借金が自分の身から離れないような人生を送ることになってしまうのです。

自分で責任のとれる範囲《はんい》で生活をしていくことが大事です。それが、心安らかに楽しく暮らしていくコツだと私は思います。

19

お年寄りと小さな子を大切に

老《お》いたるを敬《うやま》うは父母《ふぼ》の如《ごと》し。
幼《いとけなき》を愛《あい》するは子弟《してい》の如《ごと》し。

お年寄りを見かけたら、自分のお父さんやお母さんのように大切に敬いなさい。
幼い子どもを見かけたら、自分の子どもや弟・妹のようにかわいがってあげなさい。

◉お年寄りや小さな子を気づかえる社会をつくる

ここまで『実語教』では、両親、先生、友だち、先輩や後輩との接し方について説いてきました。ここでは、お年寄りや赤ちゃんに対して、どのように接すればいいのかを教えています。

まず、年老いた人は、自分のお父さんやお母さんを敬うのと同じように大事にしなくてはいけません、といっています。また、幼い子は、自分の子どもや弟や妹のように愛してかわいがりなさい、といっています。自分の家族ではなくても、町でお年寄りや小さな子どもを見たら、自分の家族と同じように接しなさいと教えているのです。これも大切なことですね。

まだ若いみなさんにはわからないかもしれませんが、年をとった人というのは、ちょっと歩くのも大変なことがあります。そういう大変さはなかなか伝わらないので、おじいさんやおばあさんが階段を上るときとか、大きな荷物を持つのに大変そうにしているのを見たら、すすんで手を貸してあげてください。

「大丈夫ですか?」と手をとってあげるだけでも、お年寄りは助かるのです。そして、そういう行動をすると、その場の雰囲気がよくなります。

幼い子どもも同じです。小さな子はあたり構《かま》わず、いきなり走り出して、転《ころ》んでしまうことがよくあります。そういう子がいたら、助け起こしてあげましょう。みんなが積極的にそういう行動をとる社会は、安心して暮らせるいい社会です。世界には、子どもが車にはねられても助けに行かないような国だってあるのです。

子どもが一人で道に迷っていたら、気にして声をかけてあげる。バスや電車で小さな子と一緒になったら、おもしろい顔をして笑わせたり、あやしてあげる。そういうちょっとした気づかいが、いい社会をつくるためには大事なのです。

◉年下の子の世話をしてあげると自分も成長できる

私にも子どもがいます。その子が幼稚園児くらいのとき、私たちはマンションに住んでいました。そのとき、同じマンションに住む小学生のお兄ちゃんが、うちの子どもにこんなことを教えてくれました。

「いいか、つらいことがあってもな、楽しいことだけ思い出せよ」

ずいぶん立派なことをいう子だなと感心しました。そのお兄ちゃんは、子どもなりに自分より下の子の世話をしてくれていたのです。こういう関係というのは、お互いにとって、とてもいいと思います。

今でも覚えていますが、私にも似たような経験があります。小学校のとき、私は体が小さかったのですが、近所の三つ上のお兄ちゃんがかわいがってくれました。二人とも野球のチームに入っていたのですが、その子は「たかしくん、ピッチャーの練習をしてみなよ。おれがキャッチャーやってやるから」といって、私のボールを受けてくれました。その子のほうが野球は全然うまいのですが、私がボールを投げると、「いい球、投げるな、ピッチャーになれるぞ」と励《はげ》ましてくれて、ずっと球を受けてくれました。とてもいい思い出です。

近所のお兄ちゃんやお姉ちゃんが一緒に遊んでくれると、小さな子にはとても嬉《うれ》しいものです。ですから、同学年の子とばかり遊ぶのではなくて、ぜひ年下の子たちと一緒に遊んであげてください。そういう活動を通して、みなさんの中にある優しい心や勇敢《ゆうかん》さやリーダーシップが磨《みが》かれて、輝《かがや》き出してくるのです。そうやって磨けば磨くほど、素晴らしい人間に成長することができます。

20

まず相手を大切にしよう

我《われ》他人《たにん》を敬《うやま》えば、他人《たにん》また我《われ》を敬《うやま》う。
己《おのれ》人《ひと》の親《おや》を敬《うやま》えば、人《ひと》また己《おのれ》が親《おや》を敬《うやま》う。

自分が他人を大切にすれば、他人もまた自分を大切にしてくれます。
自分が他人の親を大切にすれば、他人もまた自分の親を大切にしてくれます。

◉自分のことよりも相手のことを第一に考える

自分が人を大事にすると、人も自分を大事にしてくれる。自分が人の親を大事にすると、他人もまた自分の親を大事にしてくれる、といっています。日頃から他人を大事にしていないと、その気持ちは自然と相手に伝わってしまいます。すると、相手もこちらに対して、いい感情は抱きにくくなります。

人とながく付き合いたいと思うのならば、まずこちらから相手を大切にすることです。そうすれば、向こうも緊張がほぐれて、和《なご》やかに接してくれます。こちらが「この人、なんか付き合いづらいな」と思っていると、向こうも同じように思っていると考えていいでしょう。こういう気持ちは相通《あいつう》ずるものなのです。

ですから、自分が大事にされたかったら、まず相手を大事にするように心がければいいのです。「自分は相手を大事にしているのに、自分は全然大事にされていない」と不満を感じている人もいるかもしれません。でも、こういう人は意外に相手を大事にしていないことが多いようです。

『論語《ろんご》』では孔子がこういっています。「自分が知られていないからといって悩むことはないよ。それより、自分が他の人を知らないことを憂《うれ》えなさい（人の己《おの》れを知らざることを患《うれ》えず、人を知らざることを患う）」。自分のことをわかってくれないと不満を抱く人は多いのですが、その前に、はたして自分が他の人のことをわかっているかどうかを気にかけたほうがいい、といっているのです。

◉相手のいいところをほめる練習をしよう

私は大学の授業で、他の人をほめる練習をしています。誰かが発表をしたら、パチパチと手をたたいて「あぁ、それいいね、ここがいいね」と具体的なポイントをあげてほめるのです。

自分がほめてもらえず、厳しいことばかり指摘されると、その人はすごくつらい思いをします。だから、発表が終わったら、まず、いいところを見つけて具体的にほめるようにしよう、というルールを決めたのです。そうしたところ、授業の雰囲気がすごくよくなりました。みんな仲良くなって、やる気が出て、発表のレベルがどんどん上がっていきました。学生も「ほめてもらうとやる気が出る」「やってきたことが報《むく》われた」といっています。

ただし、ほめるといっても、すぐにはできませんから、日頃から練習する必要があります。私は学生に絵を書かせて、それをほめてみようという授業をやったこともあります。

ほめるというのは、お世辞《せじ》をいうのとは違います。お世辞には嘘《うそ》も入っていますが、ほめるためには、相手のいいところを見抜く目を育てなくてはいけません。あるいは、いいと思ったことを口に出してみることが大切です。

たとえば、食事のあと、おいしいと思ったら、私はお店の人に「おいしかったです」というようにしています。あるいは、ウエイトレスさんの接し方がいいとか、内装《ないそう》の趣味がいいとか、努力しているところを見つけてほめると、お店の人はとても喜んでくれます。そこで仲良くなると、次に行ったときにサービスしてくれたりします。こちらに、いいことが返ってくるのです。

そういうふうに暮らしていくと、毎日が楽しくなります。無理にほめているわけではないので、ストレスも溜《た》まりません。いいところを見つけるように心がけて、いいと思ったことは口にしてみる。それだけでいいのです。角突《つのつ》き合わせて競争するのではなく、お互いにほめ合えば、お互いにいい関係が築けるのです。

21

「人のため」が「自分のため」になる

己《おの》が身《み》を達《たっ》せんと欲《ほっ》する者《もの》は、先《ま》ず他《た》人《にん》を達《たっ》せしめよ。

自分が立派な人になりたいと思うのならば、まず他の人が立派になるように手助けしてあげなさい。

◉他人を助けることが自分のためになる

前のものと似ていますが、ここでも、自分のことよりも人のことを第一にしなさい、といっています。自分が立派な人になりたい、成功したいと思うのなら、まわりの人が立派になり、成功するように助けてあげなさい、ということです。『論語《ろんご》』の中には、「自分がしてもらいたくないことは、人にしてはいけないよ（己《おの》れの欲《ほっ》せざる所は人に施《ほどこ》すことなかれ）」という言葉が出てきます。

これは「いやなことはお互いにやめましょう」といっているのですが、それをもう少し積極的にいうと、この「自分が成功しようと思うのなら、まず他人を成功させなさい」という言葉になります。

自分にやりたいことがあって、それをどうしても実現したい、達成したいと考える人は多いと思います。これを「自己実現」といいますが、自己実現の早道は「他者実現」だと私は思っています。他の人がこうしてほしいと思っていることを実現させてあげると、自分のやりたいこともできるようになってくるのです。

たとえば、みなさんが漫画家《まんがか》になりたいと思ったとします。漫画というものは、読んでおもしろがってくれる人がいて成り立ちますから、自分の描きたいものだけ描いていてもダメです。売れる漫画家は、いつも「どうしたら読者が楽しんでくれるだろうか」と考えています。

これは小説家も同じです。読者が喜ぶ物語を考えて書いている人は、成功していきます。なぜならば、喜んでくれる人が増えると、それだけ作品も売れるようになるからです。

そうやってファンが増えていくと、そのうち自由に自分の描きたい作品を発表できるようになるのです。人のためにすることが自分のためになるという順番です。

◉必要な人間になるようにするのが成功の近道

スポーツもそうです。サッカークラブに入ったとしたら、「郷《ごう》に入《い》れば郷に従え」といいますが、自分はこういうプレーをしたいと自己主張する前に、チームメイトがやりやすいような形で参加する。そうすると、だんだん自分もやりやすいようになっていきます。

いくらサッカーがうまくて自信があっても、自分のところに来た球を誰にもパスしないで、いつもドリブルで前に行こうとする人には、まわりの人もパスを出す気がなくなるでしょう。しかし、自分がゴールを決めるだけではなくて、仲間にもいいパスを出そうと思っている人は、仲間からもパスがもらえるのです。

そのチームに必要な人間になろうとすること、それが自己実現の早道なのです。

世界一強いスペインのＦＣバルセロナというサッカーチームは、練習のときも、丸くなってみんなでパスしあいます。それを試合でもやっています。みんなが「自分も点を取るけれど、人にも取らせる」という考えを持ってやっているので、チームワークが抜群《ばつぐん》によくて、点を取りまくっています。

このように、他人のやりたいことを実現させていくと、自分もやりやすくなるということがあります。

また、他の人が上達するように、コツを教えてあげたり、練習に付き合ってあげたりすると、自分も同時にうまくなる場合もあります。人に教えるには、自分も練習する必要がありますから、それで結局、自分自身の能力も上がっていくわけです。勉強もそうです。人に勉強を教えようとすると、自分も勉強ができるようになります。

嘘《うそ》かほんとか、ぜひ試してみてください。

22

ともに悲しみ、ともに喜ぶ

他人《たにん》の愁《うれ》いを見《み》ては、即《すなわ》ち自《みずか》ら共《とも》に患《うれ》うべし。
他人《たにん》の喜《よろこ》びを聞《き》いては、即《すなわ》ち自《みずか》ら共《とも》に悦《よろこ》ぶべし。

人が悲しんでいるのを見たら、自分も一緒に悲しんであげましょう。
人が喜んでいるのを聞いたら、自分も一緒に喜んであげましょう。

◉苦しんでいる人を見たら相談に乗ってあげよう

よく「人の苦しいときは、二人で苦しんで、苦しみを二分の一にしよう。人の楽しいことは、二人で喜んで、喜びを二倍にしよう」といいます。

誰かが思いついた最近の言葉なのかと思っていましたが、『実語教』の中に同じ意味の言葉があるのを見つけて驚きました。ものすごく古い時代から、喜び、苦しみを分かち合う気持ちの大切さが教えられていたわけですね。

昔の子どもたちは、今の幼稚園や小学校の年頃から『実語教』を読んで、暗《あん》誦《しょう》していました。そこでもう、人に対する思いやりの気持ちを学んでいたのです。ですから、他人の苦しみを自分も感じてあげる、他人が喜べば自分も喜んであげるという気持ちは、人としての基本だとわかっていたのではないかと思います。

他人の苦しみを感じるというのは、たとえば、チームメイトがミスをしてしまったときに、「まぁ気にするなよ。次、がんばろうよ」と声をかけるような場合を思い浮かべるとわかりやすいかもしれませんね。

人が失敗して泣いているのを見たときに、そばにいてあげたり、相談に乗ってあげたり、話を聞いてあげるだけでも、その人はずいぶん気が楽になります。

最近、いじめが問題になっていますが、いじめられている子を見たら、ぜひ声をかけてあげてください。テレビ番組の話でも、漫画《まんが》の話でもいいのです。なんでもいいから話しかけてあげると、いじめられている子は元気になれるのです。それが支えになって生きていけるのです。

あるいは、転校してきたばかりで友達がいなくて、一人でお昼ご飯を食べている子がいたら、「一緒に食べない？」と声をかけてあげてください。知り合いが一人もいないところに一人で入っていくのは、不安ですし、緊張もします。そういう不安な気持ちに気づける人になってほしいと思います。

「共《とも》に患《うれ》うべし」とあるように、一緒になって悲しんであげることが大切です。つらそうにしている人がいたら、話を聞いてあげて同じ気持ちになってあげる。これを共感といいます。共感してあげると、その人のつらさは軽くなるのです。

◉相手の幸せを心から喜べる人になろう

もう一つ大事なのは「共《とも》に悦《よろこ》ぶべし」です。他人にいいことがあったときには、一緒に手をたたいて喜んであげる。そうすると、相手の人も嬉《うれ》しくなって、心から喜べるのです。一緒に喜んであげるのは、一緒に悲しんであげるよりも難しいかもしれません。人間には他人の成功をうらやんだり、嫉妬《しっと》したりする心があるからです。

たとえば、友だちだけがいい学校に合格したと聞くと、一緒に喜んであげるというより、ちょっとうらやましいなという気持ちになって、素直に喜べないかもしれません。でも、そういう気持ちを乗り越えて一緒に喜んであげると、相手はとても喜んでくれます。そのうちに自分も少しずつ楽しい気持ちになってくるでしょう。

喜びを分かち合うと、お互いの親密感が変わってきます。誕生会のようなお祝いの会に出席すると、自分も楽しい気持ちになるはずです。それは自分にとってもいいことです。

悲しみに沈《しず》んでいる人たちを見たら、その感情を共有して沈んだ気持ちを振り払って元気が出るように盛り上げてあげる。喜んでいる人がいたら、その喜びを共有してもっと大きな喜びにしてあげる。他人に対してそういう接し方ができる人になれるといいですね。

23

いいことはすぐにまねしよう

善《ぜん》を見《み》ては速《すみ》やかに行《おこな》え。
悪《あく》を見《み》てはたちまち避《さ》けよ。

人が善い行いをしているのを見たら、自分もすぐに見習いましょう。
人が悪い行いをしているのを見たら、すぐにその場を離れて、まねしないようにしましょう。

◉いい行動を見たら、積極的に、すぐに見習う

「善は急げ」という言葉を聞いたことがあるかもしれません。「善を見ては速《すみ》やかに行え」はこの「善は急げ」と同じような意味で、「善いことはすばやくしなさい」ということです。

「悪を見てはたちまち避《さ》けよ」はこれと反対で、「悪い行いを見たら、すぐにそこから離れなさい」という意味になります。

たとえば、駅前の自転車置き場で、自転車が何台も将棋倒《しょうぎだお》しになっていることがあるでしょう。誰も起こそうとしなければ、自転車はずっとそのままです。

こういうとき、誰かが自転車を起こしはじめると、別の人が近寄ってきて一緒に自転車を起こしはじめる場合があります。みんな、倒れている自転車が気になっていたわけですね。

でも、自分からはなかなか行動に移せない。そのとき、ある人が一人で起こしはじめるのを見たら、自分も体が動いてしまって手伝っていた。こういうのを

「善を見ては速やかに行え」というのです。

いいことは積極的に見習うほうがいいのです。そして、見習うのは早いほうがいい。あとでまねしようというのではなくて、見たらすぐにまねをする。これが大事です。たとえば、誰かが落ちているごみを拾い出したら「私も手伝います」「僕も手伝います」と、すぐに動いて手伝うようにする。いいと思ったら、即《そっ》行動です。

こういう善意の行動は、時間をおかずに、すぐにまねるほうがいいのです。

◉付き合う相手をしっかり見きわめる

逆に、人が悪事を働いているのを見たら、その場を離れて、まねをしないことです。これは、「悪事は見て見ぬふりをしなさい」といっているのではありません。「悪い仲間には入らないようにしなさい」といっているのです。

悪事を働く人たちも、根っからの悪人であったわけではありません。ところが、悪い仲間に入って、仲間のすることをまねしていると、いつの間にか自分も悪い行いをしてしまうようになるのです。

ですから、大事なのは最初のきっかけです。付き合う人を間違えないようにすることがとても大切です。「この人たちは悪いことをしているな、危険だな」と思ったら、近づかないようにしてください。また、環境の悪い場所にも、近づかないようにしましょう。日頃から、悪い行いから離れるように心がけるのです。そうするとだんだん勘《かん》が働くようになって、「この人とは付き合って良さそうだな」「この人とは付き合わないほうがいいな」という見分けがつくようになります。

善悪という見方からは少し外れますが、付き合う人を間違えないということでいえば、結婚相手を決めるときも注意が大切です。長く一緒に暮らしていく人なので、あまり焦《あせ》らず、よく相手を見て「この人となら一緒にやっていけそうだ」と思ったときに決断していくのがいいように思います。この場合は、必ずしも

「速やかに」行うのがいいわけではありません。

ただし、良いことを行うときにはスピードが大事です。今の時代、スピードが大事だと、いろいろな分野でいわれます。しかし、高校生や中学生を見ていると、意外におとなしい人が多くて、「速やかに」動くのを苦手としているように感じられます。頭ではわかっていても、体がついていかないようです。

スッと動くためには、スッと動ける体をつくる必要があります。ですから、いつもまわりを注意深く見ていて、「ここ」というときにすぐに動く練習をしておくことが大事なのです。

24 親切は必ず報われる

善《ぜん》を修《しゅ》する者《もの》は福《ふく》を蒙《こうむ》る。
たとえば響《ひびき》の音《おと》に応《おう》ずるが如《ごと》し。
悪《あく》を好《この》む者《もの》は禍《わざわい》を招《まね》く。
あたかも身《み》に影《かげ》の随《したが》うが如《ごと》し。

善い行いをする人には幸福が訪れます。
たとえば、山にはね返って、こだまが返ってくるようなものです。
悪事を好む人は禍を招きます。
たとえば、いつも自分の体に影がついて回るようなものです。

◉善には善が、悪には悪が返ってくる

「善いことをすると善い結果が出て、悪いことをすると禍《わざわい》が訪れる」ということを教える言葉です。

「福を蒙《こうむ》る」という言葉はおもしろいですね。「福の神」といって、善いものをたくさん運んできてくれる神様がいます。善いことをすると、そういう福の神がやってきますよ、といっているのです。

それは「響《ひびき》」つまり「こだま」みたいなものだといっています。山に向かって「ヤッホー」と叫《さけ》べば「ヤッホー」と、こだまが返ってくるように、善いことをすると善いことが返ってくるというわけです。

一方、悪いことをすると「身に影の随《したが》うが如《ごと》し」で、いつも影が自分の体から離れないように、禍がついて回ってくるというのです。だから、いつも善い行いをするようにして、悪い行いはしてはいけません、と教えているのです。

このように善いことをすると善いことが返ってきて、悪いことをすると悪いこ

とが返ってくることを、仏教では「因果応報《いんがおうほう》」といいます。「原因」と「結果」はイコールで結ばれているということです。

しかし、善いことをしても、すぐに善いことが返ってこない場合もあります。たとえば、人に親切にしても、すぐに自分に親切が返ってくるとはかぎりませんね。何もいいことなんかなかったよ、という人もいるかもしれません。でも、長い目で見ると、やはり善を行えば善が返ってくるのです。

いつかした善い行いがめぐりめぐって自分のところに戻ってくるという考え方は、とても大事です。そういう考え方をすると、人に対して優しくしようと意識するようになり、気づかいができるようになります。そこに大きな価値があるのです。

◉みんなが一つのチーム、みんなで向上する

前にもいいましたが、この世の中には「情《なさ》けは人のためならず」という法則が

あります。人に情けをかければ、それはめぐりめぐって、自分に返ってきます。世の中は丸いかたちをしているから、自分のやったことがまた自分に戻ってくるのです。困っている人に親切にしてあげれば、その人はそれを覚えていて、いつか自分が困っているときに親切を返してくれるのです。

社会のいろいろな分野で成功している人たちというのは、自分の損得《そんとく》を考えず、相手の役に立つ情報を、贈り物をするように人に教えています。贈り物というのは、物だけではありません。「こういうやり方をするとうまくいきますよ」「この分野はあの人が得意だから聞いてみるといいですよ」といった情報も贈り物の一つです。お互いに助け合って情報交換をしているうちに、みんながどんどんうまくいって、成功しやすくなるのです。

私の教え子で、教員採用試験に合格した学生がいっていました。彼は五、六人が一緒に受ける集団面接の前に、「僕たちは敵じゃなくて仲間だ。全員で合格しよう」と、みんなでいい合っていたというのです。すると、集団で行う話し合いの雰囲気がとても良くなって、そのグループからは合格者がたくさん出たそうです。

このように、自分が相手に良くしてあげると、相手も自分に良くしてくれる、というのは本当なのです。こだまのように親切が返ってくるのです。

いつもそういう心がけで人と接していると、とても気持ちのいい生き方ができると思います。競争も大事ですが、競い合うにしても人の足を引っ張るのではなくて、「みんなで向上しよう」という気持ちを持つほうが、結果的に自分も良くなれるものなのです。

25

偉くなっても忘れてはいけないこと

富《と》むといえども貧《まず》しきを忘《わす》るることなかれ。
貴《たっと》しといえども賤《いや》しきを忘《わす》るることなかれ。

お金持ちになったとしても、貧しかったときのことを忘れてはいけません。立派になったとしても、何が賤しいことなのかを忘れてはいけません。

◉貧しさを知った人間は強くなれる

「お金持ちになりたいか」と聞かれれば、「なりたい」と答える人は多いかもしれません。確かに貧しいよりも、生活にゆとりがあるほうがいいでしょう。ただし、裕福《ゆうふく》になって、いろいろなものが買えるようになったとしても、貧しいとはどういうことかを知っていたほうがいい、といっていますね。

昔の日本は、多くの人が貧しい暮らしをしていました。食べていくのも大変な時代がありました。

アメリカとの戦争が終わったのは昭和二十年ですが、その前の時代はまだ農業をやっている人が多くて、「お米の一粒一粒を大事にしなさい」といわれていました。その時代に生きた人たち、たとえば私の母なども「お百姓《ひゃくしょう》さんが丹誠《たんせい》込めてつくったお米だから」といって、ご飯粒《はんつぶ》を一粒も残すことができません。食べ物を粗末《そまつ》にしてはいけない、と教えられていたのです。

そういう時代に比べると、今は食べ物はあまるほどあります。食べ残しを捨ててしまう人も多いでしょう。しかし、貧しかった頃の人間のほうが、実は本当に大切なものが良くわかっているように思います。ご飯を食べられるのはありがたいことだと知っているから、苦しいことがあっても頑張れるのです。一回貧しさを知った人間は強くなります。自分で会社を起こして大成功している人の中にも、貧しさを経験して成功している人がたくさんいます。

私自身も、三十代の初めの頃に、子どもが二人いたのに仕事がない時期がありました。そういうことを経験したため、仕事があるのは大変ありがたいことだと思って、今一所懸命働いています。今の日本が心配なのは、貧しさを知らない人が増えていることです。中途半端《ちゅうとはんぱ》な気持ちで、なんとなく生きている人が多いように思うのです。それでは人間のパワーがなかなか生まれません。

◉力がなくてもひがまない、力があってもいばらない

また、社会の中に、すごくお金がたくさんある人と、すごく貧しい人がいると、

バランスが悪くなってしまいます。自分は大金持ちだから大丈夫というのではなくて、社会の中に、貧しい人、困っている人がいることを忘れないようにしよう、という考え方が大切なのです。

貧富《ひんぷ》の差があまりにも広がってしまうと、「こんな社会はいやだ」と思う人が増えてしまいます。みんながそういう気持ちにならないようにしようとする動きも出てきています。

「貴《たっと》しといえども賤《いや》しきを忘るることなかれ」

というのも同じ考え方です。自分が立派になったとしても、人に迷惑をかけても自分だけ儲《もう》かればいいという心のあり方がどれだけ未熟《みじゅく》で下品かということを知って、そういう人にならないようにしなくてはいけませんよ、と教えているわけです。

いくらいい大学に入って、いい職について、偉くなったとしても、他の人を見下すような人はいやでしょう。そういう人は、いくら勉強や仕事ができても、心の貧しい人なのです。「実《みの》るほど頭《こうべ》を垂《た》れる稲穂《いなほ》かな」という言葉もあります。「偉くなるほど、いばらない」という人が、本当に偉い人なのです。

ビートたけしさんや羽生善治《はぶよしはる》さんはあんなに有名な人なのに、まったくいばりません。そういう人だからこそ、まわりにたくさんの人が寄ってくるのでしょう。

自分にまだ力がないときには「ひがまない」、偉くなったら「いばらない」。これが大事です。それを忘れないためにも、ぜひこの言葉を覚えてください。

26

油断しないで学び続けよう

あるいは始《はじ》めは富《と》みて終《おわ》り貧《まず》しく、あるいは先《さき》に貴《たっと》くして後《のち》に賤《いや》し。

ある人は最初は裕福だったのに、最後は貧しくなってしまいます。ある人は最初は立派だったのに、最後は賤しくなってしまいます。

◉学ぶことを忘れると、人も国もダメになる

「あるいは」とは、「ある人は」という意味にとればいいでしょう。「ある人は……ある人は……」と読めばいいと思います。

「はじめはお金もあって裕福《ゆうふく》だったのに、最後は貧しくなってしまう人がいます。また、最初は貴《とうと》く立派だったのに、最後は未熟《みじゅく》で下品になってしまう人がいます」というわけです。

この言葉は、いくら裕福であったり立派であっても、学ぶことを忘れてしまうと貧乏になったり下品になってしまいますよ、と教えています。ここでいう勉強とは、学校の勉強にかぎりません。社会に出てからの勉強も含まれています。

小学校の頃は神童《しんどう》といわれるほど頭が良かったのに、中学校に行ったら勉強より遊びに夢中になってダメになってしまう子がいます。しかし、中学で遊んでしまうと、高校に行ってからまた勉強をやり直そうとしてもなかなか難しいのです。やはり、その時期に必要な勉強をしっかりしておくことが大切なのです。

昔の日本人は、とてもよく勉強をしました。外国の人が「日本人は勉強しすぎ」というぐらい勉強した時期があります。でも今は、韓国や中国に比べて、勉強量が足りないといわれています。国全体が裕福になって、少しのんびりしてしまったのかもしれません。

中国の高校では、夜の十時まで授業があると聞きました。全員がそうではないのでしょうが、生徒は学校に寝泊《ねと》まりしているそうです。韓国でも高校生は夜の九時まで授業をして、十時から塾に行く人もいるそうです。

私は勉強ばかりでなく、部活をやったりして仲間と関わるのも大事だと思っています。でも日本の中高生の家での勉強量がほかの国と比べてすごく少ないのは悲しい事実です。

みんなが一所懸命勉強している国は、当然ですが、伸びていきます。日本もここまで成長できたのは、みんなが一所懸命学んできたからだと思います。

◉油断をすると、人も国もしぼんでしまう

しかし、今のように勉強が不足すると、今度は、最初は裕福だったけれど、終わりは貧しくなってしまったということになるかもしれません。そうならないように、子どもはもちろん、大人も一所懸命に学ばなければいけません。

大金持ちの家でも、三代目にはつぶれてしまうといわれます。三代というのは、孫の代ということです。

なぜ三代目につぶれやすいかというと、商売をはじめた人（祖父や祖母）は、なんとか成功しようとすごいパワーで勉強して、必要な智恵や知識を自分のものにしていきます。だから成功したわけです。その子ども（父親や母親）は、両親の苦労を間近で見ていますから、それをまねて頑張るからなんとかうまくいくのです。

ところが三代目（孫）になると、生まれたときから家がお金持ちだから、それが当たり前だと思ってしまうのです。それで、のんびりしているうちに家をつぶ

してしまうというケースが多いわけです。油断してはいけないのですね。

今の日本を見て心配なのは、子どもを産む人が少なくなっていて、人口がどんどん減っていることです。百年後には日本の人口は今の三分の一になっているという説もあるぐらいです。そうすると、国全体がしぼんでいってしまいます。かつての日本には子どもがたくさんいて、国中が明るくて元気でした。

ですから、みなさんが大人になった頃には、ぜひ一家族に三人ぐらいずつ子どもがいるようにしてくれたらいいなと思います。子どもが増えると、人も社会も元気になっていくのです。

27

読み書きは人生の基本

それ習《なら》い難《がた》く忘《わす》れ易《やす》きは、音声《おんじょう》の浮才《ふさい》。
また学《まな》び易《やす》く忘《わす》れ難《がた》きは、書筆《しょひつ》の博芸《はくげい》。

音楽やダンスなどは、習うのが難しくて、忘れやすいものです。
読んだり書いたりすることは、学ぶのが簡単で、忘れにくいものです。

◉すぐに忘れてしまうもの、ずっと忘れないでいられるもの

この「音声《おんじょう》」というのは、音楽とかダンスのようなものをさします。音楽やダンスは、習うのは難しいし、忘れやすいというのです。たしかにこれらは、毎日練習をしているプロの音楽家やダンサーのような人でもなければ、覚えても忘れやすいものかもしれません。ですから、一般の人は、音楽やダンスは上達するのが難しいわりには忘れるのが早い、といっているのでしょう。

私も中学・高校時代はテニス部に入って、テニスばかりやっていました。とても楽しかったし、体は丈夫《じょうぶ》になったと思いますが、そこで磨《みが》いた腕を今、何かに使っているかといわれると使っていません。これらは「浮才《ふさい》」とあるように、一生使えるような、生き方の基本になるものではないのですね。

次の「書筆《しょひつ》」というのは、読んだり書いたりすることです。これは「音声」とは反対に、学びやすくて忘れにくいというのです。たとえば、小学校一年生で、ひらがな・カタカナを覚え、小学校六年間に千六字の漢字を覚えますが、それは

一生使えます。漢字は覚えにくいという人も中にはいるかもしれませんが、ひらがなを覚えるのは簡単でしょう。

私たちは日本語の本を読みます。知らない漢字があっても、ふりがながついていれば、だいたい読めるでしょう。世界の名作が揃《そろ》っている青い鳥文庫をよく読んでいるという子どもたちに「何冊ぐらい読んでいるの？」と聞いたら、「一年に二百冊ぐらい読んでいる」という子が何人もいるので、びっくりしました。

本の話をいろいろしても、とてもよく知っています。まるで大人と話しているみたいでした。小学生でもこんなにたくさん本が読めるんだと感心しました。

このように、読み書きは覚えるのが簡単なのに、一生の間ずっと使える生き方の基本になるのです。それが「博芸《はくげい》」ということです。

◉読み書きは一生役に立つ便利な技

私は若い頃、生きているうちにやることがなくなって退屈《たいくつ》したらいやだな、と思いました。ところが、あるとき、本が好きだと退屈することはないなと気づきました。世の中には、おもしろい本が読み切れないほどたくさんあります。

私は大学生に「月に最低二十冊ぐらい読んでほしい」といっています。本を読む習慣が身についていない人も、読みはじめたら本が好きになります。本が好きになって、一日に一回は本屋さんに行かないと落ち着かないというようになると、本を読むのが楽しくてしかたなくなります。

書くこともおもしろいものです。今はインターネットのブログやフェイスブックで自分の毎日の思いや行動を公開して、たくさんの人に見てもらうことができます。たとえば「今日はこういう映画を観てすごくおもしろかった」と感想を書くと、それを読んだ人から「いいですよね。私も観ました」という返事がきたりして、楽しいやりとりができます。文章がうまく書けると、友だちも増えていくのです。

本をたくさん読んだり、文章をしっかり書けることは、とても大切なことです。

だから『実語教』でも、一生役に立ちますよ、と教えているのです。

ですから、みなさんには、まず読み書きをしっかりできるようにして、たくさん本を読み、文章を書いてほしいと思います。とりあえず、一年に百冊の本を読むことを目標にして、頑張ってみましょう。

28 学問をすることは命を養うこと

ただし食有《しょくあ》れば法在《ほうあ》り。また身在《みあ》れば命有《いのちあ》り。なお農業《のうぎょう》を忘《わす》れず。必《かなら》ず学文《がくもん》を廃《はい》することなかれ。

ただ食べ物があれば、そこに智恵の教えがあります。
また体があれば、魂というものがあります。
ですから、体を養う農業を忘れてはいけません。
同じように、命を養う学問をやめてはいけません。

◉学ぶことが心の栄養になる

私たち人間は、食べて命を養《やしな》います。ただ、それだけではなくて「法」といって、「智恵の教え」というものによっても命を養っているのです。

この「法」とは、お釈迦《しゃか》さまの教えみたいなものです。お釈迦さまはゴータマ・シッダールタという名前で、もともとは王様の家に生まれた王子でした。何不自由ない生活を送っていましたが、これでは本当のことはわからないといって家を出て、苦しい修行を続けました。そして、菩提樹《ぼだいじゅ》の下に静かにすわっているうちに、「人生とはこれだ」と気づくのです。そのとき得た智恵が「法」です。

そのような智恵の教えを学びなさい、というのが「必《かなら》ず学文《がくもん》を廃《はい》することなかれ」の意味になります。

「読書は命の糧《かて》だ」といいます。命の糧とは、ふつう食糧《しょくりょう》のことをいいますが、読書も命の糧だというのです。これは、私たちは体が動くから生きているのではなくて、心の栄養を得て初めて生きているといえるのだ、といっているのです。

ですから「命」には、「体が生きている」という意味と「智恵によってよりよく生きる」という二つの意味があります。私たちが人間としての命を授《さず》かって、よりよく生きるには、勉強をして本を読んで、心を育てなくてはいけないのです。

◉魂や精神は死んでもあとに続いていく

古代ギリシャのアテネという都市に、ソクラテスという有名な哲学者がいました。ソクラテスは人生において大切なことを青年たちと議論して、伝えていきました。彼は、大人が若者たちに積極的に関わって、育てていくのが義務だと思っていたのです。だから、たくさん対話をして、若者たちに「命」を吹き込みました。

ところが、「ソクラテスは若者たちを変な方向に導こうとしている」と批判する人たちが出てきました。ソクラテスの人気に嫉妬《しっと》したのでしょう。その結果、彼は裁判にかけられ、有罪になります。おかしな裁判であるのは明らかでしたが、彼は「法律は法律だ」といって自ら毒杯《どくはい》をあおって死んでしまいます。

ソクラテスは、二千五百年も前の人なのに今も尊敬《そんけい》されています。なぜかというと、若者たちに大切な智恵を伝えたからです。ソクラテスの智恵をひとことでいうと「汝《なんじ》自身を知れ」。自分のことを知るのが一番大事だ、というのです。また「無知の知」といって、「自分が本当はわかっていない」ということに気づくことが大切だよ、といいました。

それを聞いたプラトンのような若者たちが、ソクラテスの死後も、彼の教えを「命」としてずっと受け継いでいったのです。ソクラテスの魂《たましい》とか精神みたいなものは、現在もまだ生きているといってもいいでしょう。

幕末のとき、吉田松陰《よしだしょういん》という人がいました。日本を良くしようとして、かえて死罪になってしまうのですが、彼は日本を守りたい、いい国にしたいという思いから、松下村塾《しょうかそんじゅく》という塾を開いて若者たちを教育しました。そこで学んだ高杉《たかすぎ》晋作《しんさく》たちが、幕府を倒して、明治維新《いしん》をなしとげました。これも一人の人の精神が他の人に受け継がれていった例です。

私たちは自分一人の命を考えて生きればいいのではありません。受け継がれていく命もあることを考える必要があります。そのために学んでいるのです。昔の人は、「農業」つまり食べていくことと、「学文」つまり勉強することをセットで考えていました。一日本を読まなかったらいわば「心のお腹」がすいて、命が細くなってしまうのです。そういう気持ちで、みなさんも、毎日を過ごしてみてください。

29

学びの第一歩となる『実語教』

かるが故《ゆえ》に末代《まつだい》の学者《がくしゃ》、
先《ま》ずこの書《しょ》を案《あん》ずべし。
これ学問《がくもん》の始《はじ》め、
身《み》終《おわ》るまで忘失《ぼうしつ》することなかれ。

以上のように、どんな時代になっても学ぼうと思う人は、まずこの『実語教』を読んでください。
これが学びの第一歩です。一生を終えるまで、学ぶことを忘れてはいけません。

◉一所懸命に学べば心豊かな人になれる

この言葉は、ここまで書いてきたことの総まとめです。「かるが故《ゆえ》に」というのは、「そういうわけで」「ここまでいってきたように」という意味です。「この書」とは『実語教』ですね。「末代《まつだい》の学者」とは、「これからあとの時代に出てくる、学びたいと思っている人」のことです。

これから学びたいと思っている人は、まずこの『実語教』という本を読んで、その内容をちゃんと頭に入れておいてください、といっているのです。

「智恵を学ぶことが、いろいろな大切なことを学ぶ第一歩です」、だから「それを死ぬまで忘れてはいけません」、その学問をはじめる心構えを『実語教』でつくってください、ということです。

『実語教』は、言葉は古いのですが、それほど難しいことをいっているわけではありません。一所懸命勉強したら心豊かな人になれますよ、ちゃんと学ばない人は心の貧しい人になってしまいますよ、というのが基本的な考え方です。

そういう心構えをまずつくらなければ、よい人生は送れないのです。ですから、この一生を終えるまで毎日心を新《あら》たにして、学ぶ姿勢を持ち続けることを忘れないでください、といっているのです。

◉何事も心構えをつくることからはじまる

心構えというものは、本当に大事です。同じ内容を教えても、心構えが悪いと体の中に入っていかないのです。

私は、武道を習ったことも、教えたこともあります。武道では、最初にちゃんと正座して「よろしくお願いします」と先生に挨拶《あいさつ》をします。すると、先生も同じように「よろしくお願いします」と挨拶をします。お弟子さんが先生に頭を下げるのは当然ですが、先生も同じように頭を下げるのです。

この挨拶には「この時間をお互いにとって大切な学びの時間にいたしましょう」という意味がこめられているからです。

武道の道場には神棚《かみだな》があり、そこにも頭を下げました。これにも「これからの時間を神聖《しんせい》なものにしましょう」という意味がこめられています。そういう気持ちにならないと、習っているほうはだらだらしてしまいますし、教えているほうはいばっているだけになってしまうのです。

私は武道の授業の前に、まず、正座をして、お辞儀《じぎ》をすることを子どもたちに教えました。姿勢が悪かったり、よそ見をしていたりというのは、まだ心が整っていない証拠《しょうこ》です。心が整っていないと、いくら教えても技は身につきませんし、そのような状態では身につける価値もないのです。

私は中学や高校でもよく話をします。そのとき、眠くなってうつらうつらしている人がいます。そういう人が一人でもいると、すぐに気がつきます。だから「その人の後ろの人、つついて起こしてあげてね」といって、眠りかけている生徒を起こすのです。すると、みんな「あっ、見えているんだ」と、びっくりします。

これは大切なことです。たとえば、みんなが厳しいマラソン大会の練習をしているのに、一人だけさぼっている人がいて、先生が「こいつはまぁいいか」と大目に見てしまうと、他の人もやる気をなくしてしまうでしょう。

全員がしっかりとした心構えを持たなくてはいけないのです。

自分一人ぐらいさぼってもいいや、ということは決してありません。これはよく覚えておいてください。

おわりに――『実語教』は日本人の共有財産

◉社会とは〝流れるプール〟のようなもの

たしか私が小学校の五年生のときでした。学校のプールに一学年六クラスの生徒全員が入って、運動場を回るように、同じ方向にグルグル円を描《えが》くようにして歩いたことがあります。

しばらく歩いていると水流が起こり、すごいスピードの〝流れるプール〟ができあがりました。歩き続けているうちに水に勢いが出て、その勢いがどんどん強くなっていくのです。

そのうち水に背中を押されるようになり、歩くのが楽になります。中には水流に体を預けてプカプカ浮いて、はしゃいでいる子もいましたが、真面目な子はずっと歩き続けていました。

私は最近、社会というのは、この〝流れるプール〟みたいなものなのではないかと考えるようになりました。社会が円滑《えんかつ》に回っていくためには、みんなが一所懸命学び、真面目に働き続けなくてはなりません。その歩みを止めると、やがて社会の勢いが弱まり、停滞《ていたい》してしまうことになります。ちょうど今の日本は、そういう状態にあるのではないか、とも思っています。

江戸時代の人々は、よく学びました。幼いときから寺子屋《てらこや》で『実語教』を学んでいたから、学問の大切さをよく知っていました。みんな勉強の意欲が高くて、漢文で書かれた本でも一所懸命に読む努力をしていました。それが明治維新《いしん》へとつながっていくのです。

明治維新は日本の近代化の第一歩となった出来事です。これからあと、日本は、科学技術を導入《どうにゅう》し、工場をつくって大量生産を行い、銀行のような金融《きんゆう》システムや民主主義のような政治システムを整えて、国のかたちを変えていきます。その結果、当時の東洋で近代化に成功した唯一《ゆいいつ》の国になりました。

これを見た世界各国は、東洋の小さな島国が、西洋諸国が長年かけて実現した近代化をどうしてわずかな時間でなしとげたのかと驚《おどろ》き、不思議に思いました。「日本は奇跡《きせき》の国だ」ともいわれました。

しかし、この奇跡には理由がありました。それは日本人の学力の高さです。子どもの頃から『実語教』や『童子教《どうじきょう》』を読んでいた日本人には、学ぶ姿勢がしっかり身についていました。そのため、福沢諭吉《ふくざわゆきち》や中村正直《なかむらまさなお》が外国の本を翻訳《ほんやく》し、「文明国ではこんなことが行われている。これを日本にも取り入れよう」というと、昨日までちょんまげを結《ゆ》って着物姿で町を歩いていたような人々が一斉《いっせい》にちょんまげを切って、西洋の学問を学びはじめたのです。

つまり、日本の近代化の基礎《きそ》をつくった人たちの、そのまた基礎に『実語教』があったのです。

その後、日本は近代国家への道を歩みますが、昭和二十（一九四五）年戦争に敗れ、大きな挫折《ざせつ》を経験します。それでも焼け野原の中から立ち上がり、三、四十年で世界の経済大国になりました。

戦後の日本を建て直した人たちは、戦前に教育を受けた人たちです。この人たちは『実語教』こそ学ばなかったものの、それと同じ内容を、「教育勅語《きょういくちょくご》」などを通じて学んでいました。すなわち、学問の大切さを知り、両親・先生・年上の人たちに対する礼儀《れいぎ》を学び、小さく弱い人には慈愛《じあい》をもって接することを学んでいたのです。

そういう人たちが、日本をもう一度強い国に建て直していきました。何か足りないものがあっても文句《もんく》をいわずに真面目に働き続けて、再び日本に強い流れを起こしたのです。

そのように努力して先人がつくった社会の上に、私たちがいま生きていることを忘れてはいけません。そして当然、私たちにも、この社会を勢いあるものにして次世代に受け渡す責務《せきむ》があります。そのために、常に学ばなければならないのです。

もしも私たちが学びを忘れてしまえば、やがて水の勢いは弱まって止まってしまうでしょう。それは日本という国の終わりを意味しているといってもいいのです。そうならないためにも、よく学び、よく働かなくてはいけないのです。

◉すべては『実語教』からはじまる

日本人は真面目で、我慢《がまん》強くて、何事にも一所懸命です。お互いに助け合うという、素晴らしい心を持っています。それは東日本大震災のときにも発揮《はっき》され、世界中から称賛《しょうさん》されました。

あの大震災のあとも、日本人は揺《ゆ》れ動く大地の上で頑張って生きています。日本人はこの日本列島の上で生きていくしかないのだなと、私もあらためて思いました。

地面はまた揺れるかもしれません。しかし、いま突然揺れはじめたわけでもありません。阪神《はんしん》・淡路《あわじ》大震災もありました。関東大震災もありました。ずっとさかのぼれば、鎌倉時代に書かれた鴨長明《かものちょうめい》の『方丈記《ほうじょうき》』の中にも大きな地震があったことが記されています。

日本人は、ずっとそういう中で生きてきたのです。ある人の説では、天災《てんさい》が多い地域では民族の結束力《けっそくりょく》が高まって一体感を持ちやすくなり、みんなが努力するようになるのだそうです。それは本当だと私も思います。困っている人がたくさんいるからこそ、今はみんなが心を合わせて頑張っていこう、日本が一つのチームになって全員で困難に打ち克《か》っていこうという雰囲気が感じられます。

日本は天然資源のない小さな国です。だからこそ、そこに住む人々全員が、一所懸命に学んで、アイデアを出し合って困難を乗り切っていく必要があります。

私は北海道から沖縄まで日本全国に行きますが、日本人の性格や考え方はどこへ行ってもよく似ています。北から南までの距離もそれほど離れているわけではありません。そういうコンパクトにまとまった国ですから、みんなが力を合わせれば、一気に大きなパワーへと変えることもできるのです。日本人は今までも、そうやって生きてきたのです。

今の日本は一九七〇年代に比べ貧富《ひんぷ》の差が広がっています。みんながまとまるためには、格差ができない工夫をする必要もあるでしょう。そして、みんなにチャンスがやってきて、やる気が出るような社会をつくっていかなくてはいけません。

もちろん、その前提《ぜんてい》となるのは、個々が一所懸命に学ぶことです。一生の間、気を抜かずに学び続けることなのです。

『実語教』の最後にこうありました。

「末代《まつだい》の学者、先《ま》ずこの書を案《あん》ずべし。これ学問の始め、身終るまで亡失《ぼうしつ》することなかれ。（どんな時代になっても学ぼうと思う人は、まずこの『実語教』を読んでください。これが学びの第一歩です。一生を終えるまで、学ぶことを忘れてはいけません)」

『実語教』を学んだ昔の子どもたちは、この言葉に発奮《はっぷん》して、死ぬまで勉強だと思って必死に学び続けたのです。この学びの精神が日本をつくってきたのです。この精神をいま一度、思い出さなくてはいけません。『実語教』に書かれている智恵を、もう一度、日本人全体の財産にしていきたいと思うのです。それは、日本がいつまでも世界の中で輝《かがや》き続けるために欠かせない絶対条件であると私は思っています。

みなさん、ぜひ『実語教』を何度も繰り返して読んでみてください。そして、みなさんの力で、日本をどんどん盛り上げていってください。

付録　『実語教』素読用読み下し文

山高《やまたか》きが故《ゆえ》に貴《たっと》からず。樹有《きあ》るを以《もっ》て貴《たっと》しとす。
人肥《ひとこえ》たるが故《ゆえ》に貴《たっと》からず。
智有《ちあ》るを以《もっ》て貴《たっと》しとす。
富《とみ》は是一生《これいっしょう》の財《たから》、身滅《みめっ》すれば即《すなわ》ち共《とも》に滅《めっ》す。
智《ち》は是万代《こればんだい》の財《たから》、命終《いのちおわ》れば即《すなわ》ち随《したが》って行《ゆ》く。
玉磨《たまみが》かざれば光無《ひかりな》し。光無《ひかりな》きを石瓦《いしかわら》とす。
人学《ひとまな》ばざれば智無《ちな》し。智無《ちな》きを愚人《ぐじん》とす。
倉《くら》の内《うち》の財《ざい》は朽《く》つること有《あ》り。

身《み》の内《うち》の才《さい》は朽《く》つること無《な》し。

千両《せんりょう》の金《こがね》を積《つ》むといえども、一日《いちにち》の学《がく》にはしかず。

兄弟《きょうだい》常《つね》に合《あ》わず。慈悲《じひ》を兄弟《きょうだい》とす。

財物《ざいもつ》永《なが》く存《そん》せず。才智《さいち》を財物《ざいもつ》とす。

四大《しだい》日々《ひび》に衰《おとろ》え、心神《しんじん》夜々《やや》に暗《くら》し。

幼《いとけなき》時《とき》勤学《きんがく》せざれば、老《お》いて後恨《のちうら》み悔《く》ゆといえども、

尚所益《なおしょえき》有《あ》ること無《な》し。

かるが故《ゆえ》に書《しょ》を読《よ》んで倦《う》むことなかれ。

学文《がくもん》に怠《おこた》る時《とき》なかれ。

眠《ねむ》りを除《のぞ》いて通夜《つうや》に誦《じゅ》せよ。飢《うえ》を忍《しの》んで終日《ひめもす》習《なら》え。

師《し》に会《あ》うといえども学《まな》ばざれば、

徒《いたずら》に市人《いちびと》に向《むか》うが如《ごと》し。

習《なら》い読《よ》むといえども復《ふく》せざれば、

只隣《ただとなり》の財《たから》を計《かぞ》うるが如《ごと》し。

君子《くんし》は智者《ちしゃ》を愛《あい》し、小人《しょうじん》は福人《ふくじん》を愛《あい》す。

富貴《ふうき》の家《いえ》に入《い》るといえども、財無《ざいな》き人《ひと》の為《ため》には、なお霜《しも》の下《した》の花《はな》の如《ごと》し。
貧賤《ひんせん》の門《かど》を出《い》ずるといえども、智《ち》有《あ》る人《ひと》の為《ため》には、
あたかも泥中《でいちゅう》の蓮《はちす》の如《ごと》し。
父母《ふぼ》は天地《てんち》の如《ごと》く、師君《しくん》は日月《じつげつ》の如《ごと》し。
親族《しんぞく》はたとえば葦《あし》の如《ごと》し。夫妻《ふさい》はなお瓦《かわら》の如《ごと》し。
父母《ふぼ》には朝夕《ちょうせき》に孝《こう》せよ。師君《しくん》には昼夜《ちゅうや》に仕《つか》えよ。
友《とも》と交《まじわ》りて争《あらそ》う事《こと》なかれ。
己《おのれ》より兄《あに》には礼敬《れいけい》を尽《つ》くし、

己《おのれ》より弟《おとうと》には愛顧《あいこ》を致《いた》せ。

人《ひと》として智《ち》無《な》き者《もの》は、木石《ぼくせき》に異《こと》ならず。

人《ひと》として孝《こう》無《な》き者《もの》は、畜生《ちくしょう》に異《こと》ならず。

三学《さんがく》の友《とも》に交《まじわ》らずんば、何《なん》ぞ七覚《しちがく》の林《はやし》に遊《あそ》ばん。

四等《しとう》の船《ふね》に乗《の》らずんば、誰《たれ》か八苦《はっく》の海《うみ》を渡《わた》らん。

八正道《はっしょうどう》は広《ひろ》しといえども、十悪《じゅうあく》の人《ひと》は往《ゆ》かず。

無為《むい》の都《みやこ》は楽《たの》しむといえども、放逸《ほういつ》の輩《ともがら》は遊《あそ》ばず。

老《お》いたるを敬《うやま》うは父母《ふぼ》の如《ごと》し。

幼《いとけなき》を愛《あい》するは子弟《してい》の如《ごと》し。

我《われ》他人《たにん》を敬《うやま》えば、他人《たにん》また我《われ》を敬《うやま》う。

己《おのれ》人《ひと》の親《おや》を敬《うやま》えば、人《ひと》また己《おのれ》が親《おや》を敬《うやま》う。

己《おのれ》が身《み》を達《たっ》せんと欲《ほっ》する者《もの》は、

先《ま》ず他人《たにん》を達《たっ》せしめよ。

他人《たにん》の愁《うれ》いを見《み》ては、即《すなわ》ち自《みずか》ら共《とも》に患《うれ》うべし。

他人《たにん》の喜《よろこ》びを聞《き》いては、即《すなわ》ち自《みずか》ら共《とも》に悦《よろこ》ぶべし。

善《ぜん》を見《み》ては速《すみ》やかに行《おこな》え。

悪《あく》を見《み》てはたちまち避《さ》けよ。
善《ぜん》を修《しゅ》する者《もの》は福《ふく》を蒙《こうむ》る。
たとえば響《ひびき》の音《おと》に応《おう》ずるが如《ごと》し。
悪《あく》を好《この》む者《もの》は禍《わざわい》を招《まね》く。
あたかも身《み》に影《かげ》の随《したが》うが如《ごと》し。
富《と》むといえども貧《まず》しきを忘《わす》るることなかれ。
貴《たっと》しといえども賤《いや》しきを忘《わす》るることなかれ。
あるいは始《はじ》めは富《と》みて終《おわ》り貧《まず》しく、

あるいは先《さき》に貴《たっと》くして後《のち》に賤《いや》し。

それ習《なら》い難《がた》く忘《わす》れ易《やす》きは、音声《おんじょう》の浮才《ふさい》。

また学《まな》び易《やす》く忘《わす》れ難《がた》きは、書筆《しょひつ》の博芸《はくげい》。

ただし食《しょく》有《あ》れば法《ほう》在《あ》り。また身《み》在《あ》れば命《いのち》有《あ》り。

なお農業《のうぎょう》を忘《わす》れず。必《かなら》ず学文《がくもん》を廃《はい》することなかれ。

かるが故《ゆえ》に末代《まつだい》の学者《がくしゃ》、先《ま》ずこの書《しょ》を案《あん》ずべし。

これ学問《がくもん》の始《はじ》め、身《み》終《おわ》るまで忘失《ぼうしつ》することなかれ。

〔原　文〕

山高故不貴　以有樹為貴
人肥故不貴　以有智為貴
富是一生財　身滅即共滅
智是萬代財　命終即随行
玉不磨無光　無光為石瓦
人不学無智　無智為愚人
倉内財有朽　身内才無朽
雖積千両金　不如一日学
兄弟常不合　慈悲為兄弟
財物永不存　才智為財物
四大日々衰　心神夜々暗
幼時不勤学　老後雖恨悔
尚無有所益
故読書勿倦　学文勿怠時
徐眠通夜誦　忍飢終日習
雖會師不学　徒如向市人
雖習読不復　只如計隣財
君子愛智者　小人愛福人
雖入富貴家　為無財人者
猶如霜下花
雖出貧賤門　為有智人者
宛如泥中蓮
父母如天地　師君如日月
親族譬如葦　夫妻猶如瓦
父母孝朝夕　師君仕昼夜

交友勿諍事
己兄尽礼敬　己弟致愛顧
人而無智者　不異於木石
人而無孝者　不異於畜生
不交三学友　何遊七覚林
不乗四等船　誰渡八苦海
八正道雖広　十悪人不往
無為都雖楽　放逸輩不遊
敬老如父母　愛幼如子弟
我敬於他人　他人亦敬我
己敬人之親　人亦敬己親
欲達己身者　先令達他人
見他人之愁　即自共可患

聞他人之喜　即自共可悦
見善者速行　見悪者忽避
修善者蒙福　譬如響應音
好悪者招禍　宛如随身影
雖富勿忘貧　雖貴勿忘賤
或始富終貧　或先貴後賤
夫難習易忘　音聲之浮才
又易学難忘　書筆之博藝
但有食在法　亦在身有命
猶不忘農業　必莫廢学文
故末代学者　先可案此書
是学問之始　身終勿忘失

※底本には『明治頭書　改正　實語教童子教　完』（明治三年庚午春三月・和本）を使用しました。

〈著者略歴〉

齋藤孝（さいとう・たかし）

昭和35年静岡県生まれ。東京大学法学部卒業。同大学教育学研究科博士課程を経て、現在明治大学文学部教授。専門は教育学、身体論、コミュニケーション技法。著書に『国語の力がグングン伸びる 1分間速音読ドリル』『国語の力がもっとグングン伸びる 1分間速音読ドリル 2』『齋藤孝のこくご教科書小学1年生』『楽しみながら1分で脳を鍛える速音読』『楽しみながら日本人の教養が身につく速音読』『子どもと声に出して読みたい「童子教」』、川島隆太氏との共著に『素読のすすめ』（いずれも致知出版社）などがある。

子どもと声に出して読みたい
「実語教」

平成二十五年三月十五日第一刷発行
令和六年五月十五日第七刷発行

著者　齋藤 孝
発行者　藤尾 秀昭
発行所　致知出版社
〒150-0001 東京都渋谷区神宮前四の二十四の九
TEL（〇三）三七九六―二一一一
印刷・製本　中央精版印刷
落丁・乱丁はお取替え致します。　（検印廃止）

ISBN978-4-88474-988-0 C0095
ホームページ　https://www.chichi.co.jp
Eメール　books@chichi.co.jp

いつの時代にも、仕事にも人生にも真剣に取り組んでいる人はいる。
そういう人たちの心の糧になる雑誌を創ろう——

『致知』の創刊理念です。

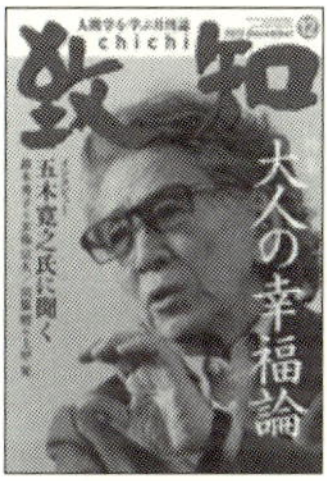

私たちも推薦します

王 貞治氏　福岡ソフトバンクホークス球団会長
『致知』は一貫して「人間とはかくあるべきだ」ということを説き諭してくれる。

鍵山秀三郎氏　イエローハット創業者
ひたすら美点凝視と真人発掘という高い志を貫いてきた『致知』に、心から声援を送ります。

北尾吉孝氏　SBIホールディングス代表取締役執行役員社長
我々は修養によって日々進化しなければならない。その修養の一番の助けになるのが『致知』である。

鈴木敏文氏　セブン&アイ・ホールディングス名誉顧問
気がつけば『致知』とは創刊当時からの長いお付き合いとなります。
人生を豊かにしてくれる『致知』に心より敬意を表します。

横田南嶺氏　臨済宗円覚寺派管長
『致知』のおかげで、この世界にはすばらしい方々がたくさんいらっしゃることに気づくことができた。『致知』のおかげは、はかりしれない。

致知BOOKメルマガ（無料）　致知BOOKメルマガ　で　検索
あなたの人間力アップに役立つ新刊・話題書情報をお届けします。